Genel Yayın: 722

TARİH

JEAN BOTTÉRO, MARC-ALAIN OUAKNIN, JOSEPH MOINGT
İNANCIN EN GÜZEL TARİHİ

ÖZGÜN ADI
LA PLUS BELLE HISTOIRE DE DIEU
COPYRIGHT © EDITIONS DU SEUIL, 1997

ÇEVİREN
İSMET BİRKAN

© TÜRKİYE İŞ BANKASI KÜLTÜR YAYINLARI, 2013
Sertifika No: 40077

GÖRSEL YÖNETMEN
BİROL BAYRAM

GRAFİK TASARIM UYGULAMA
TÜRKİYE İŞ BANKASI KÜLTÜR YAYINLARI

I. BASIM, KASIM 2003, İSTANBUL
VIII. BASIM, MART 2020, İSTANBUL

ISBN 978-975-458-486-8

BASKI
AYHAN MATBAASI
MAHMUTBEY MAH. 2622. SOK. NO: 6 / 31
BAĞCILAR İSTANBUL
Tel: (0212) 445 32 38 Faks: (0212) 445 05 63
Sertifika No: 44871

Bu kitabın tüm yayın hakları saklıdır.
Tanıtım amacıyla, kaynak göstermek şartıyla yapılacak kısa alıntılar dışında
gerek metin, gerek görsel malzeme hiçbir yolla yayınevinden izin alınmadan
çoğaltılamaz, yayımlanamaz ve dağıtılamaz.

TÜRKİYE İŞ BANKASI KÜLTÜR YAYINLARI
İSTİKLAL CADDESİ, MEŞELİK SOKAK NO: 2/4 BEYOĞLU 34433 İSTANBUL
Tel. (0212) 252 39 91
Faks (0212) 252 39 95
www.iskultur.com.tr

Tarih

inancın
en güzel tarihi

Jean Bottéro
Marc-Alain Ouaknin
Joseph Moingt

Çeviren
İsmet Birkan

Kültür Yayınları

İÇİNDEKİLER

Önsöz
7

Kitabı Mukaddes'teki Tanrı
JEAN BOTTÉRO
13

Yahudilerin Tanrısı
MARC-ALAIN OUAKNIN
43

Hıristiyanların Tanrısı
JOSEPH MOINGT
97

Sondeyiş
159

ÖNSÖZ

Biz [Batılılar] Kitabı Mukaddes'in çocuklarıyız. Bizim için *"Bible"* hâlâ kültürümüzün temelini oluşturan en önemli metindir, her ne kadar günümüzde birçok Batılı insan kendi evlerinde bulamadıkları bir manevi doygunluğu, kimi simgeleri, tapınç ve törenleri gidip Doğu dinlerinde arama eğilimi içinde olsalar da... Örneğin, Budizmin gördüğü rağbeti bir düşünün. Ekonomi gibi dinler de artık küreselleşiyor.

Fakat Batı'da Kitabı Mukaddes, [bu sözcükle akla gelen] tek ve eşsiz KİTAP'tır – ya da Kitaplar. Yüzlerce yıl boyunca tekrar tekrar okunan bu metin, dünyanın en çok dile çevrilmiş eseridir; günümüzde iki bin yüzden fazla tam ya da kısmi çevirisi olduğu hesaplanmaktadır. İnsanları ister birleştirmiş ister ayırmış olsun –ki her ikisini de yapmıştır– o bizim mirasımız, daha doğrusu Yahudi ve Hıristiyan unsurlarından oluşan çifte mirasımızdır, çünkü iki Sözleşme'ye [Ahit'e] bölünmüştür. Birincisi, İsa Mesih'in doğumundan hemen hemen bin beş yüz yıl önce bugünkü Yahudilerin ataları İbranilere Tanrı tarafından bildirilen ["indirilen"] açıklamalarla, bu mesajın Yahudi halkının tarihi boyunca, MS 200 yılına kadar, bin yıl içindeki evrimini ve gösterdiği gelişmeleri içerir. İkincisinde ise İsa'nın yaşamı, ölümü ve dirilişi ile ilk Hıristiyanların sıcağı sıcağına bu olaylara atfettikleri anlam yer almaktadır.

Bu iki Ahit'in son ve kesin olarak yazıya geçirilmelerinden bu yana iki bin yıl geçti. Bugün zihnimizdeki imgeleri biraz silinip bulanıklaşmış bile olsa, bizi biz yapan manevi unsurlar arasında artık hiçbir ağırlıkları bulunmadığını söyleyebilir miyiz? Her şey bir yana, çağdaş dünyamız Batı'da, yani Hıristiyanlar tarafından Mesih'in ve On Emir'in öğretilerine göre biçimlendirilmiş olan coğrafi alanda doğup gelişmedi mi?.. Özgürlük, eşitlik, hoşgörü, eleştirel düşünce, dayanışma vb.. gibi bugün evrenselleşmiş değerler ilk kez burada ortaya çıkmıştır. Öte yandan, mirasımızın karanlık yüzüne daha duyarlı olan başkaları da elbette, zorbalık ve kandan, hoşgörüsüzlük ve karşıtını yok etme girişimleriyle dolu bitmez tükenmez rekabet ve savaşlardan oluşan bir geçmişe dikkat çekeceklerdir.

Ama biz şimdi tarihin bilançosunu çıkarmayı bir yana bırakalım; bu kitabın konusu o değil. *İnancın En Güzel Tarihi* ile biz, kökenlerimizle yeniden buluşmayı amaçladık: Önce tektanrıcılık serüveninin ilk kendini gösterdiği, sonra kutsal Yazılar'ın biçim ve öz kazandığı, en sonunda da Yahudi ve Hıristiyan okurlar için KİTAP ("Kitabı Mukaddes", *Bible*) haline dönüştüğü dönemler...

Başlangıçtaki ilk kıvılcıma, yaklaşık 3300 yıl önce Musa'ya gelen öğretiye [vahye] dönmek ve "Tanrı'nın doğuşu"nun* tarihi, coğrafi, dilsel ve kültürel kaynaklarını tekrar bulmak istedik. Tek bir Tanrı, pekâlâ, ama neden, ve ne bakımdan tek? "Tektanrıcılık"ın ortaya çıkışı konusunda bilim adamları ne diyor? Bu "buluş"un gelişim aşamaları biliniyor mu? Bu "icat" sadece Musa'nın ve Kitabı Mukaddes'in eseri ya da malı mı? Yoksa başka yerlerde, başka devirlerde, başka kitaplarda ya da başka kültürlerde de meydana gelmiş mi? Kendisine bu öğretilerin [vahyin] indiği "Sami" kavim hangisiymiş, neymiş?..

Kitabı Mukaddes nasıl ve ne zaman yazıya geçirilmiş? Eleştirel düşünceli okur burada yer alan birçok anlatıda efsane-

---

* Yazarlardan birinin bir kitabından alınan ve yer yer tekrarlanan bu deyimle, elbette 'ontik' bir doğum değil, "insan zihninde tek Tanrı fikrinin veya kavramının ortaya çıkışı" kastedilmektedir. – ç.n.

ler, uydurma öyküler, masal ve mitler görecektir kuşkusuz. Tarihçi bu konuda bizi aydınlatabilir mi? Kitabı Mukaddes'teki Tanrı'nın öteki tanrılara göre özelliği, özgünlüğü ne? Hepimiz Bağlaşım'dan, On Emir'den, Yasa'dan, peygamberlerden söz edildiğini duymuşuzdur. Bu sözcükler tam olarak ne anlama geliyor? Zaman içinde nasıl bir evrim geçirmişler? Nasıl oluyor da bu denli evrensel bir Tanrı öte yandan sıradan bir kabilenin şefi olarak kalabiliyor ve bu derece bölgesel veya milliyetçi görünümlere bürünebiliyor?

Jean Bottéro burada işte bu sorulara yanıt veriyor. Asurbilimci, yani milattan önceki iki binyıllık dönemde eski Mezopotamya dil ve uygarlıklarının uzmanı olan Bottéro'nun bilimsel yetki alanı bütün eski Yakındoğu'yu, dolayısıyla Kitabı Mukaddes'in ve –yansız ve şaşmaz bir tarihçi titizliğiyle incelediği– bu bütünü oluşturan metinlerin dünyasını da içine almaktadır. En çok bilinen eserlerinden birinde de zaten Kitabı Mukaddes'e göre "Tanrı'nın doğuşu"nu anlatmıştır. Eski Mezopotamya'nın ve MÖ II. binyılda Babil çevresinde gelişmiş olan uygarlığın dini, mitleri, rit ve törenleri üzerine birçok kitabın yazarıdır.

Yahudi geleneğini çok yakından ve derinden bilen, rabbi (haham) ve filozof Marc-Alain Ouaknin'le konuşurken, yorumcularından olmakla öğündüğü Talmud'un üstatlarına layık bir anlatı ustasıyla karşı karşıya olacağız. Kendisi genç olmakla birlikte, hepsi de Yahudilerin Kitabı Mukaddes'i yorumlama [tefsir] geleneğini çağdaş düşünceyle karşılaştırma sorunlarını konu edinen birçok kitabın yazarıdır. Kitaplarında ve konferanslarında, Kitabı Mukaddes'e ve Talmud'a yapılan göndermelerle, psikanalizden, dilbilimden ve çağdaş felsefeden gelen çağrışım ve alıntılar birbirine karışır.

Bugün inançlı Yahudiler Kitabı Mukaddes'i nasıl okuyorlar? Tarihsel olayların üstünü örten söylence ve mitleri nasıl anlayıp değerlendiriyorlar? Onlar için, kendini vahiyle açıklayan biricik Tanrı kimdir? Neden "biricik"tir? Nerede bulunuyor ve bu dünyada nasıl bulunabilir? Kitabı Mukaddes'in içinde ötekilere göre daha önemli, ayrıcalıklı "kitaplar" (bölümler) var mı?

İbranilerin Kitabı Mukaddes'ten bugün bildiğimiz biçimiyle Yahudiliğe [Judaizm] geçişleri nasıl oldu? Talmud nedir? Neden Yahudiler için Kitabı Mukaddes'i okumanın en yetkin ve tek "süzgeci" oldu? Kitabı Mukaddes'in birden çok okunma biçimi ya da düzeyi olabilir mi? Yahudiliğin bir de, metinlerin gizli anlamlarını arayan "Batıni" geleneği, Kabala, vardır. Bu gelenek "kıraat ve tefsire" [okuma ve yoruma] ne gibi özgün katkılar sağlıyor?

Sürgün, Yasa, etik gibi Yahudi varoluşunun anahtar sözcükleriyle Soykırım [Şoah] gibi olayların Yahudi bilincindeki yer ve durumları ne? Kimileri trajik bir tarihsel yük taşıyan bu ağır ve yoğun sözcükler yalnız Yahudileri mi ilgilendiriyor, yoksa evrensel bir anlamları da var mı?

Birinci Sözleşme'den İkinci'si çıktı, Hıristiyanlar buna "Yeni" dediler. Bu "Yeni Ahit", Hıristiyanların Tanrı'nın oğlu olarak tanıdıkları "İsa olayı"nın öyküsünü anlatır ve anlamını açıklar. Günümüzde İnciller ve İsa üstüne araştırma ve tartışmalar son derece yoğundur. Söz konusu metinlerin yazılış tarihleri, hangi dillerde yazıldıkları bilinebiliyor; İsa'nın mesajında ve davranışlarında Yahudiliği sürdürme ve Yahudilikten kopuş noktaları ayırt edilebiliyor. Örneğin bugün sık sık "Yahudi İsa"dan söz ediliyor. Bu deyim ne ölçüde haklı görülebilir? İsa neden kendi geleneğinden ve halkından koptu? Yahudilikten ayrılan gerçekten o muydu, yoksa kopuşun kökeninde ilk Hıristiyanlar mı bulunuyor? Paulus'un ve onun ilk Hıristiyan topluluklara yazdığı mektupların rolü neydi?

İsa'nın yargılanıp idam edilmesi noktasına nasıl gelindi? Bunu yapanların nedenleri, dürtüleri siyasal mıydı yoksa dinsel mi? Bu olaydan kim sorumlu, Yahudiler mi Romalılar mı? Hıristiyanlar bu ölüme nasıl bir anlam veriyorlar? "Bizi kurtarmak için" diyorlar, tamam, ama kurtulmak, kurtarılmak ne demek?

Ya "dirilme"?... Bu olay, tanık olanlar için ne anlama geliyordu? Hıristiyanlar İsa'nın Tanrı'nın oğlu olduğunu ve "gerçek Tanrı ve gerçek insan" olduğunu söylerken ne demek istiyorlar? İsa'nın kendisi de kendini onlara böyle mi sunmuştu? Hıristiyanların Tanrısının yeniliği nedir? Ana ve temel mesajı nedir? Bu Tanrı hoşgörüsüz mü? Tanrı'ya inanmak neye yarıyor?

Çığ gibi gelen bu sorulara, İnciller üstüne araştırmaların son durumuna tamamen vakıf bir Katolik ilahiyatçı olan Joseph Moingt, hiç dinmeyen, tarihle çağdaş dünyayı bütünleştirme kaygısıyla yanıt veriyor. Otuz yıldan beri "bilimsel" bir ilahiyat dergisinin (*Recherches de science religieuse*)* yönetmeni, birçok eserin, bu arada Mesih konusunda anıtsal bir kitabın, *L'Homme venu de Dieu*'nün** yazarı olan Moingt, İncillerdeki İsa'nın kim olduğunu söylemek için özellikle yetkili bir kişidir.

Belirtmek gerekir mi bilmem, bu kitabı okumak için inançlı olmaya ihtiyaç yok. "İnancın en güzel tarihi" tarihimizin bir bölümü, bizim kendimizin bir parçasıdır. Onu daha iyi bilmek ve anlamak, kendi kendimizi tanımak ve anlamak demektir. Kitabı Mukaddes'in mesajını ister kabul edelim ister reddedelim, biricik Tanrı'nın bu öyküsüne duyarsız ve kayıtsız kalamayız. Burada üç ayrı sesten ve, görüleceği gibi çok farklı üç düzeyde anlatılan bu öykü, bizi mirasçısı olduğumuz iki Sözleşme'yi yeniden keşfetmeye çağırıyor.

Tektanrıcılık uzun zamandan beri sadece Yahudilerle Hıristiyanların tekelinde değil. Üçüncü bir tektanrıcı büyük din, İslam, ortaya çıktı, ve aşkınlığını şimdiye dek görülmemiş bir ısrarla vurguladığı Tanrı'nın öyküsünde yeni bir bölüm açtı. Bu yeni din, Kitabı Mukaddes'te adları geçen Nuh ve İbrahim, Musa ve İsa gibi büyük kişiliklere açıkça göndermede bulunuyor. Fakat Müslümanların Tanrısı kendini başka bir Kitap'ta

---

* "Din Bilimi Araştırmaları". – ç.n.
** "Tanrı'dan Gelen İnsan". – ç.n.

açığa vuruyor: Kuran. Bununla, VII. yüzyıl başlarında, inancın başka bir tarihi başlamış oluyor.

Bizim kitabımızdaki konuşmalar Kitabı Mukaddes'teki (*Bible*) Tanrı'yla, Yahudilerin ve Hıristiyanların Tanrısıyla sınırlıdır. Batı'nın tarihiyle, zaferleriyle ve felaketleriyle iç içe olmuş, ama aynı zamanda kısmen kendisine karşı, "Tanrı'ya karşı", gerçekleştirilen çağdaş dünyanın oluşumuna da karışmış bir Tanrı... Bu çabamızla, önce bir nehir, sonra da dünyayı değiştiren iki nehir olmuş bir kaynağa kadar çıkmak istedik.

Hélène Monsacré
Jean-Louis Schlegel

KİTABI MUKADDES'TEKİ TANRI

JEAN BOTTÉRO

MUSA: TEK TANRI KAVRAMINI "İCAT EDEN" ADAM

— *Tek Tanrı fikrinin nerede, ne zaman ve kim tarafından "bulunduğunu" biliyor muyuz?*

— Bu üç çatallı soruyu yanıtlamadan önce, bir hususu iyice belirteyim: Tek Tanrı dini, yani "monoteizm", durup dururken akşamdan sabaha mantar gibi yerden bitmiş bir şey değildir. Bize bu "buluşu" anlatan eski metinler (Kitabı Mukaddes metinleri) doğal olarak bu olguyu, belli bir dönemde, bazı özel ve zaman içinde sınırlı olaylar vesilesiyle, sanki belli bir tarihsel anda oluvermiş gibi aktarırlar: Yani bir tür "vahiy", Tanrı'dan gelen bir haber olarak!.. Bu işin aslını, elimizdeki (tek kaynak olan) belgelerden, Kitabı Mukaddes metinlerinden yola çıkarak yeniden kurmak gerekir, ki bu hiç de kolay bir şey değildir!

Evet, nerede, ne zaman ve kim tarafından? Oldukça akla yakın bir tahminle, MÖ XIII. yüzyılda, 1280'le 1250 yılları arasında olduğunu sanıyoruz, ve daha kesin konuşamıyoruz. Bu dönemde, daha önceleri Filistin'e yerleşmiş az çok göçebe çoban bir toplum olan İsrailoğullarından bir kısmı, özellikle şiddetli bir kıtlık ve açlığın baskısı altında, bu felaketten kaçmak için, Mısır'ın kuzeyine göç etmek zorunda kalmıştı. Orada bunlara, tutsak veya köle imişler gibi, oldukça sert ve acımasız davranıldığından, ülkelerine geri dönüp kardeşleriyle tekrar buluşmak arzusundaydılar. O zaman içlerinden Musa diye bir adam çıktı. Bu adam, evrende tek bir Tanrı olduğu fikrini "icat etti" demeyeceğim, ama [din konusunda] yeni bir öğretinin temellerini attı; ve bu öğreti de, dört beş yüzyıl içinde, hem olayların hem de olaylar üzerinde düşünmenin çifte etki ve itkisiyle, "monoteizm", yani tektanrıcılık haline geldi.

— *Kitabı Mukaddes'in Huruç [Çıkış] bölümü olup biteni nasıl anlatıyor?*

— Musa bir süre için Kızıldeniz'in kuzeyinde, bugünkü Akabe körfezinin Arabistan yakasındaki Madian [Midyan] ülkesine sığınmak zorunda kalmıştı. Orada, *Yahve* [YHVH] gibi bir adı olan bir tanrının varlığını öğrendikten sonra, derin düşüncelere daldığı anlaşılıyor. Bu düşüncelerin, ve belki de kendisini etkileyen başka birtakım olayların sonucunda, bulduğu tanrıyı, ve onunla birlikte Yahve adını merkez alan bütün bir din sistemini, soydaşlarına da açıklamak için Mısır'a dönmeye karar vermiş olsa gerektir.

— *Bu ad ne anlama geliyor?*

— Önce şunu bilmek gerek: Eski Yakındoğu'nun *ad* anlayışı, bizimkiyle hiç ilgisi olmayan "realist" bir anlayıştı. Buna göre, bir ad, bir nesnenin veya kişinin üzerine "yapıştırılmış" bir sözcük, bugün kullandığımız deyimle, bir "epifenomen" değildi. Adlandırdığı şeyin doğasını, özünü ["kendiliğini"] gösteriyordu; şeyin, sözle veya yazıyla *tercüme edilmiş kendisiydi*. Söz konusu Yahve adı, (Musa'nın dili olan İbranicede) "olmak", "var olmak" anlamına gelen fiilin şimdiki zaman çekiminin eril tekil üçüncü şahsını gösteriyordu. Buna göre, "Yahve" demek, "O vardır", "O orada, hazır ve nazırdır" demek oluyordu.

GERİ KALAN HER ŞEY GİZEM

— *Yani Musa bu adı bir program olarak mı algılıyordu?*
— Musa, bu gizemli tanrı hakkında, adından başka, adı-

nın söylediği tek gerçeklikten başka, bir şey bilinemeyeceğini anladı: Yani, *O vardı, O orada, hazır ve nazırdı*, hepsi bu! Zaten, bizzat Yahve'ye kim olduğunu sorduğunda, sadece "Ben, Olan'ım"* yanıtını aldığını anlatırken açıklamak istediği de buydu: "Kimsenin Benim hakkımda var olduğumdan, gerçek olduğumdan başka bileceği bir şey yoktur; geri kalan her şey, öğrenilmesi imkânsız, bilinmesi gereksiz bir gizemdir!" Musa böyle düşünür ve böyle konuşurken, Yahve inancından ve ona odaklı olarak kurmaya giriştiği dinden her türlü "antropomorfizmi", yani insan-biçimciliği, dışlamak istiyordu.

İnsan-biçimcilik ve çoktanrıcılık: Zamanın bütün dinlerinin, o devirde bilinen dünyanın bütün dinlerinin, üzerine kurulduğu iki temel direk bunlardı. Bu dinler, "tanrı" adının ve niteliğinin oldukça çok sayıda kişilik ("tanrılar") arasında paylaşıldığına inanmakla kalmıyorlardı (eski Mezopotamya'da önceleri bin kadar vardı bunlardan; Musa devrinde azalmış olmakla birlikte, hâlâ birkaç düzine kalmıştı). Onlara göre, bu tanrılar ancak kendi suretimize dayalı, yani insan-biçimli olarak tasarlanabiliyordu. Bizden daha büyük, daha güçlü, daha akıllı, bizimkilerden çok üstün yeteneklerle donatılmış ve bizden çok daha uzun ömürlü (ölümsüz!) insanlardı adeta.. Ama önünde sonunda *bizim gibiydiler*, çünkü tamamıyla insan biçimi ve sureti içinde düşünülüyorlardı.

Musa, Yahve'den başka hiç kimsenin, hiçbir varlığın tanrı niteliğini kabul etmemekle, çoktanrıcılığı süpürüp atmış oluyordu. Yahve hakkında, adının ifade ettiği anlamdan –yani var olduğundan– başka bir şey bilmeyi de reddettiği andan itibaren, artık O'nun insan suretinde betimlenmesine temel olacak bir imge kalmadığından, insan-biçimciliği de ortadan kaldırmış oluyordu. Böylece Musa soydaşlarına, inanmaları, bağlanmaları ve tapınmaları için, tamamen "devrimci" ve önceden bilinenlere kıyasla hiç duyulmadık bir tanrı önermiş oluyordu.

---

* Bugünkü Türkçeyi zorlasa da anlaşılabilen, eski üslupta bir deyişle, "Ben O'yum ki var(ım)" ifadesi, belki anlamı biraz daha aydınlatabilir. – ç.n.

— *Yahve adının Mezopotamya'dan kaynaklanan bir kökeni olabilir mi?*
— Mezopotamya'da iyi bilinen, Ea adlı bir tanrı vardı. Ülkenin Sami halkı, Akadlılar, onu bu adla anıyorlardı. Fakat Sami olmayanlar, Sümerliler, kendi dillerinde ona Enki diyorlardı (bu sözcüğün ne anlama geldiği bilinmiyor). Enki/Ea, geleneksel en yüce tanrılar üçlüsünün üyesiydi; bu üçlü, göklerin tanrısı ve "halen hüküm süren" tanrı hanedanının kurucusu Anu; onun oğlu, tanrıların, dünyanın ve insanların halihazırdaki hükümdarı Enlil; ve grupta az çok başdanışman rolü oynayan, her şeyi bilen ve her sorunu çözebilen, bir çeşit iktidar süperteknisyeni Enki/Ea'dan oluşuyordu. Buna neden Ea adı verilmişti? Bu sözcük, Sümercede, harfi harfine, "ev" (*e*) ile "su" (*a*) anlamına gelen sözcüklerden oluşmuş gibi algılanmıştır. Ama bundan hiçbir anlam çıkmıyor, üstelik dilbilgisi bakımından da yanlış kurulmuştur. Fakat, bu Ea bazen A(y)ya, hatta Ya şeklinde de yazıldığından, Mezopotamya'da ve eski Samilerde adı yaklaşık olarak Ya şeklinde söylenen ve yazılan bir tanrının mevcut olduğu akla gelebilir; ve bu ad Yau şeklinde de söylenebildiğinden, buradan evrilerek Yahve gibi bir sözcüğe varmış olduğu düşünülebilir. Fakat bu usyürütme ve tahminler son derece kırılgan temellere dayanmaktadır; bunları, hem de alçak sesle, dile getirmekten öteye geçmek, bilimsel bakımdan yanlış olur. Kaldı ki, Yahve'nin kökenleri bizim için hiç önemli değildir; önemli olan, bu sözcüğün doğduktan sonraki kaderidir.

MUSA'DAN ÇOK ÖNCE

— *Tarihçilerin "Sami kavimler"le ne kastettiklerini birkaç sözcükle belirtebilir misiniz?*
— Samiler Yakındoğu'da (bugün de orada ve kalabalıktırlar) bilinen en eski toplum ve kültürlerden birini oluştururlar. İlk tanıklanmış topluluklar (MÖ III. binyıl başları), belki de daha IV. binyıldan itibaren, Suriye'den inip Mezopotamya'da yerleşik yaşama geçmişlerdir. Burada, güneyde, köke-

ni ve bağlantıları bilinmeyen yabancı bir kavimle karşılaştılar: (Bugünkü İbranice, Aramca ve Arapçaya akraba olan) kendi dillerinden çok farklı bir dil konuşan Sümer(li)ler. Samiler birkaç yüzyıl onlarla ortakyaşam [*symbiose*] sürdürdüler; birlikte, ülkenin –milat dolaylarına kadar süren– o yüksek karma uygarlığını kurup geliştirdiler. Samiler Sümerlilerden daha kalabalık olduklarından, III. binyıl boyunca yavaş yavaş onları içlerinde eritip özümsediler ve sonunda (Akadlılar adı altında) ülkenin tek halkı haline geldiler.

— *Peki, Musa'dan önce, onu veya halkını tek Tanrı'yı bulmaya –nasıl diyelim– yetenekli veya "yazgılı" kılan herhangi bir şey var mıydı?*

— Benim fikrimi sorarsanız, hiçbir şey yoktu. Musa'dan önce, İbrahim başta, ve tabii Aşağı Mısır'a yerleşmiş olanlar da dahil olmak üzere, İsrailoğullarından hiç kimse henüz Yahve'yi bilmiyordu; iyi tanımadığımız, ama herhalde Yakındoğu'nun, özellikle kültürünün etkisi her yana yayılan güçlü Mezopotamya'nın, öteki –daha çok Sami– halklarının dinlerine benzer bir dini paylaşıyorlardı; dolayısıyla ister istemez çoktanrıcı ve insan-biçimci idiler. Musa'nın anlatıp propagandasını yaptığı Yahve'nin –yukarda bahsettiğim gibi, adının kökeni dışında– bir selefi olmamıştır. Ancak, insanların kolayca tanrı değiştiremediklerini bilen Musa Yahve'yi, soydaşlarının zaten bildikleri ve tapındıkları tanrılardan birinin (hangisi olduğu belli değil) *yeni adı* olarak sunmuştur (ve belki kendisi de buna inanıyordu).

— *Musa'nın ardından giden İsrailoğulları hemen, bir çırpıda, tektanrıcılığa mı geçtiler?*

— Hayır. Söze başlarken dediklerimi hatırlayın: [Dönüm noktası olan] büyük olaylar, önemli yenilikler bir gecede biten mantarlar değildir; dünyaya gelebilmeleri için uzun bir tarih, uzun bir hazırlık, uzun bir olgunlaşma dönemi gerekir. Musa'nın öğrettiği şey, henüz tektanrıcılık değildi; bu fazla derin ve zor kavranır fikri İsrailoğulları, üzerinde birkaç yüzyıl düşünüp kafa yormadan anlayamayacak, kabul edemeyecek ve sahiplenemeyeceklerdir. Musa halkına, Yahve'den başka tanrı tanımamanın, sadece O'na bağlanmanın, ve sadece O'na tapmanın gerekliliğini öğretmiştir. Bu, din tarihçilerinin "birtanrıcılık" [henoteizm] adını verdikleri şeydir: Öteki tanrıların varlığı yadsınmaz (yani hâlâ çoktanrıcılık sürmektedir), fakat sadece bir tanesine bağlanılır; geri kalanlarla ilgilenilmez, onlar görmemezlikten gelinir. İsrail ülkesinde gerçek tektanrıcılığa, ancak, "Tanrı sadece Yahve'dir, ondan başka tanrı yoktur" ifadesi "kalple tasdik, sözle ikrar" edilebildiği zaman varılmıştır. Bunu söyleyen ise Tesniye [İkinci Yasa] kitabıdır ki, MÖ VII. yüzyıla, yani Musa'dan beş yüzyıl sonraya aittir.

— *Tektanrıcılığın –Musa'nın "Yahveciliğinin"– hiçbir yerde karşılığı olmasa bile, başka dinlerle, özellikle de zamanın en iyi bilinen en önemli dini olan eski Mezopotamya diniyle, aralarında bazı ortak veya benzer noktalar olsun bulunamaz mı?*

— Mezopotamya'da olsa olsa bir tür birtanrıcılık [henoteizm] yönünde birtakım belli belirsiz eğilimler bulunabilir. Örneğin, II. binyılın ikinci yarısında, Babil'in rahip sınıfı bu kentin koruyucu tanrısı Marduk'u aşırı biçimde yüceltti; onu "bütün tanrılardan elli kez daha tanrı, olağanüstü bir tanrısal kişilik" haline getirdi! (*Yaradılış Destanı*, VII: 143 s.). Fakat, Marduk var diye öteki tanrılar da yok sayılmıyordu. Mezopotamya'da, I. binyılda başka birtanrıcı eğilimler de kendini gösterdi. Fakat bu dinsel hareketler öteki tanrıların varlığını dışlamadıkları için, haklarında ancak "bir tür birtanrıcılık"tan söz edilebilir ki, bunun gerçek tektanrıcılıkla hiçbir ilgisi yoktur.

Mezopotamya dini ile Kitabı Mukaddes dini arasında, –bu Kitap'ın yazarları Mezopotamya'dan birtakım mitler ve bazı başka fikirler ödünç almış olabilirlerse de– en azından tanrının birliği/tekliği konusunda, birtakım "ortak noktalar" bulunabileceği ciddi olarak savunulamaz. İki sistem arasında, birincinin ikinciye gerçek anlamda kaynaklık etmiş olabileceğini sağlıklı olarak düşünmeye olanak vermeyecek kadar derin farklar vardır: Mezopotamya'da özlü ve köklü bir çoktanrıcılık ve insan-biçimcilik, İsrail'de ise mutlak tektanrıcılık ve her türlü insan-biçimciliğin kökten yadsınması... Gerçi Mezopotamya bazı izlekler [temalar], mitler, fikirler sağlamamış değildir Kitabı Mukaddes yazarlarına; ama bunlar Kitap'ta tamamen özgün ve kaynaklarındakinden çok değişik biçimlerde işlenip değerlendirilmiştir.

MİTLERDEN KALAN MİRAS

— *Bunlardan kastınız herhalde Eski Ahit'teki bazı büyük "mitler", örneğin dünyanın yaradılışı, ya da tufan gibi?..*
— Burada, 1872 yılında olağanüstü bir keşif sayesinde, Kitabı Mukaddes'in dünyanın en eski kitabı, biricik ve doğaüstü "Kitap", olmadığının, çürütülemeyecek bir kesinlikle ortaya konduğunu hatırlatalım. O tarihte, çiviyazılı metinleri ilk çözenlerden biri olan İngiliz George Smith, Ninova'dan Londra'ya getirilen çiviyazılı tabletler arasından, ayrıntılarına varıncaya dek Kitabı Mukaddes'tekine denk düşen, ama ondan daha eski bir tufan öyküsü çıkarıp dünyaya sundu. Bu çok önemli buluşla, George Smith, o zamana kadar ancak bölük pörçük birkaç parçası bilinen *Gılgamış Destanı*'ndan uzunca bir pasajı dünyaya tanıtmış oluyordu. *Gılgamış*'ın en eski versiyonuyla çağdaş (II. binyılın ortaları), hayranlık çekici bir başka Babil mitosu olan *Süperbilge Yırı*'nda da, insanın yaradılışını ve sonra da –ister istemez Tekvin [Yaradılış] kitabının ilk bölümlerini akla getiren– bir tufanla yok edilişini anlatan bir öyküye rastlanır. Bu "Süperbilge", Babillilerin Nuh'u oluyordu. Fakat bu şiirler her şeyden önce doğdukları yerin dinini ve "zihniyetini" yansıtmaktadırlar.
— *Tanrı ve tanrılık konusundaki eski Yunan deneyimi hakkında ne diyebilirsiniz?*
— Bir kere, eski Yunan'da, MÖ I. binyılın ikinci yarısından önce, az çok tektanrıcılığı akla getirebilecek bir oluşumdan söz edilemez. Demek ki Musa'dan birçok yüzyıl sonralarda bulunmaktayız; zaten Yunanlılar Musa'dan da, Kitabı Mukaddes ve Yakındoğu dinlerinden de tamamen habersizdiler. Fakat, daha önemlisi, bir dinin tapınma nesnesi ve mer-

kezi olan Tanrı ile, bir filozofun dünyayı düşünmek ve açıklamak çabaları çerçevesinde zihninde doğan bir tanrı fikri veya kavramını karıştırmamak gerekir. Biz tektanrıcılıktan söz ederken, din planında konuşmaktayız; ama "filozofların ve bilginlerin tanrısı", örneğin Eflatun'un "En Yüce İyi"si [*Hayr-ı Âlâ*] ya da Aristo'nun "Saf Eylem"i [Yalın Edim, *Fiil-i Mahz*] bir tanrı değildir; dünyayı akla göre açıklamakta kullanılan tamamen zihin ürünü bir tasarım, bir kavramlar bütünüdür. Bu yüzden ben yine, tektanrıcılığı "icat edenin", ya da şöyle diyelim, en azından insanlığı oraya giden yolun başına koyanın, bal gibi Musa olduğunu düşünüyorum, Tesniye'yi zikrederken söylediğim gibi, tam anlamıyla tektanrıcılık gerçekte Musa'dan birkaç yüzyıl sonra doğmuş olsa bile...

— *Buna karşılık, Mısırlıların dini gerçek bir din, üstelik Musa'yla çağdaş da.. Bazıları bu dinde bir çeşit tektanrıcılık seçebildiklerini düşünüyorlar...*

— Benim fikrimce, bu taraftan da beklenebilecek bir şey yoktur, hele tam anlamıyla Mısır dininden söz ediyorsanız... Bu din başından sonuna tektanrıcılığı hiç tanımamıştır. Sadece Musa'dan yüz yıl önce yaşamış bir firavun, Akhenaton da denen IV. Amenophis (MÖ 1350' ye doğru), belli belirsiz "tektanrıcı" sayılabilecek bir kavrama ulaşmış görünüyor (ki bu bile özünde çelişkilidir, zira tektanrıcılık bir *mutlak* olduğundan, "belli belirsizliği" kaldırmaz), ama yalnız kendi *kişisel* "kullanımı" için... Bunu gerçek anlamda ne ülkesine yaymaya, ne de çevresine dayatmaya kalkıştı. Güneş tanrıyı başkalarından daha çok ve daha iyi yüceltti diye, bu inancın, tektanrıcılık gibi açık seçik, kesin, sistematik ve evrensel bir din oluşturmaya yettiği söylenemez.

"Musa ve tektanrıcılık" üstüne ve buna dayanarak, –Freud'ün aynı başlığı taşıyan kitabı vesilesiyle ve etkisiyle– yazılmış olan her şeyi bilim açısından kabul edilemez sayarım. Freud tarihçi değildi ve açıkça görüldüğü gibi tarih bilinci de yoktu. Ne yapmaya binmişti ki bu gemiye?.. Kaldı ki, Freud'ü iyi tanıyan –ve de savunan– kişiler de aslında onun bu kitapla bir kurgu eseri, bir tür roman yazdığını düşünüyorlar: Kendi sa-

vunduğu fikir –yani Tanrı'nın da bir kurgu olduğu fikri–
uğrunda kullanılacak bir roman... Ne olursa olsun, ciddi bir
tarihçi için, ne ortaya koyduğu sorunlar ne de kitabı Tanrı ko-
nusunda konuşulurken herhangi bir değer taşır, sadece Fre-
ud'dan bahsederken bir anlam taşıyabilir.
Dolayısıyla, hiç tereddüt etmeden, Mısırlıları da tektan-
rıcılığın "icadı" olayından dışlıyorum. Ortada bir "mucit" ve-
ya "kâşif" varsa, bu tek bir kişidir: Musa.

SURETLERİN [RESİM, HEYKEL VB.] YASAKLANMASI

— *Musa bir dizi olay ve aşamadan sonra, İbrani kavmi-
ni Mısır'dan çıkarmayı başardı ve Filistin'e getirdi. Çöldeki
bu uzun yürüyüş boyunca Tanrı hep yanlarındaydı; Huruç ki-
tabı, yine Sina dağında Tanrı'nın, seçtiği halkıyla nasıl "bağ-
laşım" yaptığını anlatır. Nedir bu "Bağlaşım"?*

— "Bağlaşım" [itilaf, ittifak, *alliance*], eski Sami dünya-
sının çok eski bir göreneğidir. Aşağı yukarı bir tür karşılıklı be-
nimsenme, "evlat edin(il)me" değeri taşıyor, adeta bir ticaret
şirketi kurar gibi, çıkarlarını başka birinin çıkarlarıyla birleş-
tirmeyi içeriyordu. Öte yandan, yukarda söylediğim gibi,
Musa bu yeni tanrıyı kabul ettirmekle, temel ilkesi tanrıları in-
san suretinde tasarlamak olan insan-biçimciliğe karşı çıkmış
oluyordu. Bu sistemde tanrılar, insan gibi, giderek kralla sa-
ray halkı gibi üstün insanlara benzer varlıklar olarak düşünül-
mekteydi; Mezopotamya sisteminde bu açıkça görülmektedir.

Musa işte bu nedenle Yahve'ye tanınabilir bir yüz verme-
yi reddetti; bu, mesajının temel noktalarından biridir. Bütün
suretleri, ve Yahve'nin bir şekilde "insanlığını" çağrıştırabi-
lecek her şeyi yasakladı. Bu nedenle, Mezopotamya'da olsun,
Mısır'da olsun, çevredeki her yerde yürürlükte olan tapınma
biçimlerinden farklı bir tapınma yöntemi tasarladı ve savun-
du. Buralarda insanlar tanrıları besliyor, onlara pahalı hedi-
yeler sunuyor, ihtiyaç veya istek duydukları her şeyi sağlama-

ya çalışıyorlardı. Yahve'ninse hiçbir şeye ne ihtiyacı ne de isteği vardı; ihtiyacı veya isteği olabilecek bir tanrı değildi o... Musa böylece Tanrı ile insanlar arasındaki "alışverişin" kurallarını kökten değiştirmiş oldu. Yahve için uygulanmaya değer tek tapınma biçimi olarak, onun buyruklarını yerine getirmeyi öne çıkardı. Yahve, İsrail için önemi olan ve olabilecek tek tanrıydı. Ve insanla ortak hiçbir yanı olmayan bu tanrının iradesi de ancak "manevi" olabilirdi.

Bütün *On Emir* [Décalogue] hikâyesi bence şu buyrukta içerilmiştir: Tanrı'ya ancak O'nun tarafından istenmiş, gerekçelenmiş ve yaptırımlanmış belli bir ahlakı uygulayarak tapılabilir ve hizmet edilebilir. İşte, en kalın çizgileriyle özetlenmiş olarak, tektanrıcılığa doğru atılan ilk adımların öyküsü budur.

— *Konuya girer girmez, Musa'nın Tanrısının bizi "antropomorfizm"den, kendi kendimiz model alınarak tasarlanmış tanrılardan kurtardığını söylediniz. Ama Kitabı Mukaddes'teki Tanrı da, sırası geldiğinde her çeşit insani duyguları sergiliyor...*

— Tanrı'nın "gazap"ından, iyiliğinden, intikamından, "kıskançlık"ından vb. söz etmek, gürleyen dalgaların "öfke"sinden söz etmekten daha insan-biçimci bir ifade değildir; nitekim, bunu demekle okyanusa insan biçimi ve doğası yakıştırmış olmayız. Bu deyimler birer özdeşleme değil, birer iğretilemedir [mecaz, *métaphore*]. Dolayısıyla, Yahve'ye de pekâlâ "insani" duygu ve davranışlar atfedebiliriz, ama bunu yapmakla onu kendimize benzermiş gibi düşünmüş olmayız.

İBRAHİM'İN SOYU

— *Biraz da kökenler sorununa, Eski Atalar* [Patriarches]* *dönemine, ve özellikle de onların birincisine, İbrahim'e dö-*

---

* Yunanca *pater* (baba) ve *arkhê* (ilk, en baştaki) sözcüklerinden yapılmış bu terimle, İsrailoğullarının Musa'dan önceki kabile reisleri (özellikle İbrahim, İshak, Yakup [İsrael], Yusuf vb.) kastedilir. Bugün de Doğu Kilisesi'nin ve onun ana dallarının başları bu unvanı taşır. Türkçe şekli: Patrik. – ç.n.

nelim. Tekvin'den (12, 1-15) öğreniyoruz ki, tanrısının buyruğu üzerine, İbrahim Mezopotamya'dan ayrılıp, Fırat nehrini izleyerek, Filistin'e gelmiştir. Yakındoğu'da, MÖ II. *binyılda meydana gelen bu göçler konusunda tarihsel olarak ne biliyoruz?*

— Önce, şunu unutmamak gerek ki, Kitabı Mukaddes BİR yazı, BİR kitap değil, Yunanca adından (*ta biblia* = kitaplar, "tomarlar") da anlaşıldığı üzere, birçok yazıyı, birçok kitabı kapsayan bir derlemedir. Birbirlerine göre ilerleme gösteren birçok dönemde, her dönemin kendine özgü fikir ve ilgilerine bağlı olarak, birçok defada yazılmıştır. Bu redaksiyonlar esnasında, özellikle, kimi eski bölümler ve olaylar daha yakın tarihli inançlara uyarlanmıştır. Örneğin, Musa'dan önce yaşamış olan İbrahim ve oğulları da, çok sonraları ancak Musa'nın öğrettiği Yahve'ye, onun dinine ve "Bağlaşım"ına inanan kimseler olarak sayılmış ve işlem görmüştür. Dolayısıyla, bütün veriler şunu düşündürmektedir: Musa'dan önce, "ataları" İbrahim başta olmak üzere bütün İsrailoğulları, herkes gibi, o sıralar bilinen bütün dünyada hüküm süren ve çevrelerinin yaygın inancı olan çoktanrıcılık ve insan-biçimciliğe dalmış durumdaydılar.

İbrahim'le ailesi ve soyu hakkında pek az şey biliyoruz; Kitabı Mukaddes'in bu konuda bize sağladığı veriler de folklor ve efsanenin damgasını taşıyor. Gerçekten yaşamış olmaları güçlü bir olasılıktır, zira bütün bir halkın kendine yoktan ata yaratması pek akla sığar bir şey değildir; ayrıca, özellikle göçebe Samilerde soyağacı bilinci ve anıları son derece güçlüdür.

Buna göre, bir efsane veya bir tarihsel anı İbrahim'in Kalde'de [Mezopotamya], Ur kentinde yaşamış olduğunu söylüyordu. Bu mümkündür, hatta pek olasıdır, ama kesin bir gerçek sayılmayabilir de. Gerçekten o devirlerde, MÖ XVIII. yüzyıl dolaylarında (?), Fırat boylarında geniş çaplı göçebe hareketleri olmuştur. Dolayısıyla, Ur'dan gelen İbrahim fikri, hiçbir şekilde kontrol edilip doğrulanamamakla birlikte, tamamen akla yakındır. Bu fikir Kitabı Mukaddes'te, en yakın tarihli kaynaklarından birinde, "Rahipler Derlemesi" *[Code sacerdotal]* denilen yazımda (V. yüzyıl), dile getirilmektedir; ama bu onu tamamen dışlamak için bir neden değildir.

— *"Rahipler Derlemesi" dediniz, ve bunun, Kitabı Mukaddes'in "kaynaklarından" biri olduğunu belirttiniz. Bu kaynakların neler olduğunu biraz açar mısınız?*

— Yaklaşık yüz elli yıldan beri, Kitabı Mukaddes'in "tarihsel" kitaplarının –ya da bölümleri–, özellikle ilk beş altı kitabın (Tekvin'den Yeşu'ya kadar), IX. yüzyıldan itibaren zaman içinde birkaç farklı versiyon halinde mevcut olmuş bir İsrailoğulları hikâyesi anlattığı anlaşılmıştır; bu versiyonlardan her biri, dünya, Tanrı, tarih, din vb. hakkında kendi yazıldığı döneme özgü vizyonu dile getiriyordu. Babil Sürgünü'nün bitişinden (V. yüzyıl) sonra, dindarlık gayretiyle ve koruma amacıyla, bunlar görünüşte tek ve sürekli bir anlatı halinde birleştirilip örgülendi; fakat bu metinde birbirinden farklı söz dağarları, imgeler ve üsluplar kolaylıkla ayırt edilebilmektedir; ancak, doğal olarak, kimliklerinin ve yazılışlarının tam ve kesin açıklamasını elde etmek için kılı kırk yarmak pek mümkün olmamaktadır. En eski öykünün (MÖ IX. yüzyıl), içinde Tanrı düzenli olarak Yahve "adı" ile anıldığından ve daha iyi terim bulunamadığından, *Yahvist* diye nitelenen metin olduğu sanılmaktadır. Yüz yıl sonraya ait olan *Elohist* anlatı onu, İbranicede "tanrı" anlamına gelen *Elohim* kelimesiyle adlandırır. En yakın tarihlisinin (Sürgün'den sonra) ise *Rahipler Derlemesi* olduğu sanılmakta, ondan önce de, Tesniye'yi ["İkinci Yasa", *Deutéronome*] merkez alan bir *Deuteronomist* versiyon bulunmaktadır.

HURUÇ [MISIR'DAN ÇIKIŞ] "EFSANESİ"

— *Demek ki öykünün "başlangıçları" öykü yaşandıktan sonra kurulup kurgulanmış; dünyanın yaradılışı, tufan, Nuh'la ve ardından İbrahim'le bağlaşım vb. Yahve'nin çevresinde sonradan tasarlanmış... Bu anlamda, çok geçmeden Kitabı Mu-*

kaddes bir dizi [dönüp dönüp] "yeniden okuma" olarak gözükecektir...

— Biz Kitabı Mukaddes'i, derleyicilerinin onu okumamızı istedikleri anlamda okuyoruz; fakat o, anlattığı olayların sırasına göre, bir defada yazılmadı. Kitabı Mukaddes tarihinin ilk versiyonu –yukarda andığım "Yahveci" kaynak– olasılıkla MÖ IX. yüzyıldan itibaren, yani Musa döneminden hayli sonra, tespit ve kaydedilmiştir. Böylelikle de İbrahim figürü daha baştan tektanrıcı olarak sunulmaktadır. Hatta, [bu görüşe göre] Tanrı'dan vahyi ilk alan da o olmaktadır! Aynı şekilde, İbrahim'i Fırat boylarından geçirerek Filistin'e getirmek fikrinin de, İbranilerin zaten oturmakta oldukları bu ülkeyle bağlantılı olarak okunup anlaşılması gerektiği açıktır. İbrahim'le ilgili hikâyenin yazıya geçirildiği sıralarda, Filistin çoktan onların yurduydu ve burasının onlara ezelden beri Yahve tarafından "vaat edilmiş" olduğuna inanılıyordu.

— *Demek oluyor ki, Yanan Çalı, Mısır'dan Çıkış, "Yasa Levhaları" vb. belli bir tanrı hakkında belli bir fikrin, bir imgenin, anlaşılıp benimsenmesini sağlamaya yarayan iğretilemelerden ibaretti, öyle mi?*

— Ben, daha yalın biçimde, "efsaneler" diyorum. Kavimlerin tarihlerinin kökenleri ve en önemli anları hep az çok olağanüstü veya mucizelidir. Kuşkusuz bir Musa efsanesi de vardır, ama İbrahim'inkine kıyasla daha gerçeğe yakın ve tutarlı öğeler de taşır, çünkü Musa konusunda bilgilerimiz İbrahim konusunda olduğu kadar zayıf ve bulanık değildir. Büyük adamların doğumlarını anlatan, buna benzer başka efsaneler de biliyoruz, örneğin kral Sargon'unki. MÖ 2300-2200 yıllarında hüküm sürmüş olan, ilk Sami imparatorluğunun –Akat krallığı– kurucusu, büyük Mezopotamyalı hükümdar I. Sargon da nehirde yüzen bir sepetin içinde bulunmuş, bir bahçıvan tarafından evlat edinilip büyütülmüştü...

Aynı zamanda hem doğru hem de yanlış olan efsane, Çıkış'tır. Doğru, çünkü bir kısım İsrailoğlunun Mısır'da bulunmaları, bir dönemde orada kötü muameleye uğramaları ve kaçışları, tarihsel olarak mümkün görülebilir olaylardır. Yanlış, çünkü Mısır'ın başına gelen "belalar" [*plaies*] olayı, denizin yarılarak yol vermesi, ve bunlar gibi tamamen doğaüstü olduğu apaçık belli birçok başka olay, bunun bir efsane olduğunu göstermektedir; hem de harika bir şiire vesile ve konu olmuş bir efsane (Huruç, 15,1-11)!.. Benzer bir şekilde, Musa'nın, Filistin'e yönelmeden önce, Yahve'nin kendisini ona bildirdiği "dağda Tanrı'ya saygı ve şükran sunmak" üzere, halkını çöllerde dolaştırması da, Yahve'yle Bağlaşım'ın yenileneceği "simgesel" yeri bulmak amacına yönelikti. Sina dağının tepesinde Yahve'den gelen "vahiy" ile ilgili olarak anlatılan öykülerde kullanılan söz dağarcığı, insanın gözünün önüne bir yanardağın püskürüşünü getirir. En azından Midyan ülkesinde yanardağ olduğunu biliyoruz. O ünlü sahne anlatılırken, bu tür püskürme olaylarının anılarından yararlanılmış olabilir. Tabii bu, Musa'nın Sina dağının üzerinde Tanrı'yla karşılaşmasının (kaldı ki, söz konusu olayın, aynı adı taşıyan yarımadadaki o bildiğimiz Sina dağında olduğu da son derece kuşkuludur) gerçekten bir deprem anına rastlamış olması demek değildir! Fakat kullanılan bu dil ve üslup, İsrailoğullarının hayal güçlerini uyarıp sarsarak ve dini duygularını kuvvetlendirerek, onları tüm doğanın hâkimi, sonsuz güçlü ve karşı durulmaz bir tanrı fikrini kabule güdülemekten başka sonuç doğuramazdı.

İşte Musa'nın efsanevi dosyası: Büyük bir mizansen, gürültü, dumanlar vb...

MUSA'NIN YAPTIĞI DEVRİM

— *Efsaneden öte, eseri ve etkisi bu derece büyük olan —zira az önce siz de onun, dünyanın belli başlı birkaç din sisteminden birinin kurucusu olduğunu söylediniz— Musa hakkında ne biliniyor?*

— Kitabı Mukaddes'e göre (elimizde başka kaynak yok!), Musa MÖ XIII. yüzyıl içinde, 1280'e doğru olduğunu sanıyoruz, Mısır'da doğmuş görünüyor. O devirde İsrailoğulları soy ve soplar [klanlar] halinde örgütlenmiş bulunuyorlardı; daha sonra "kabile" veya "aşiret"lerden [*tribu*] söz edilecektir. Musa'nın ataları da, açlıktan kaçmak üzere hayvan sürüleriyle birlikte Mısır'ın bereketli topraklarına kadar gelmiş olan bu göçebe klanlardan birine mensuptu. Tam o sıralarda, firavunun uyguladığı rejimin sertleşmesi ve göçmen kabilelerin yaşam düzeninin bozulmasıyla, Filistin'den gelen göçerlerin durumu güçleşmeye başlamış olsa gerektir. Ülkede yabancı yerleşimci statüsüne tabi tutularak, angaryalarda, ya da köle olarak çalıştırılıyorlar ve kafalarında yavaş yavaş ülkelerine geri dönmek fikri doğup gelişiyordu.

Musa, İsrailoğullarının, birçok "kardeşlerini" bırakıp gelmiş oldukları asıl ve gerçek vatanları Filistin'e dönme tasarısına destek verenlerden biridir. Bununla sanki çifte amaç güdüyormuş gibi görünmektedir: Siyasal bir amaç –soydaşlarını vatanlarına götürmek– ve dinsel bir amaç –onların önce Yahve'ye ve sadece Yahve'ye bağlanmalarını sağlamak–. Yahve'ye gerçek anlamıyla bir öndere bağlanıldığı gibi bağlandıkları ve onun "Bağlaşım"ına ve istemlerine sadık kaldıkları takdirde, bu tanrının kendilerine yardım edeceğini ve girişimlerinde destekleyeceğini ima ediyordu.

— *Musa böylece, tanrıyı ve tanrısallığı kavrayış tarzında gerçek bir devrim yapmış oluyordu, desek?...*
— Hem de, tekrarlıyorum, çok önemli bir devrim, zira o zamana dek bilinen bütün dinsel sistemler açıkça çoktanrıcı ve insan-biçimciydiler. Musa sadece İsrail için bağlanılacak tek bir tanrı –Yahve– olduğunu ileri sürmekle kalmıyor, bu tanrıyı o zaman bilinen bütün tanrısal güçlerden çok değişik biçimde tasarlıyordu: Zihnimizde canlandıramayacağımız, önünde sonunda kendi büyütülmüş imgemizden başka bir şey olamayacak bir imge veya suret içinde tanımlayamayacağımız kadar bizden büyük, bizden yüce ve bizden uzak bir tanrı!.. Çevrede geçerli olan dinler bağlamında, bu, bütünüyle yenilenmiş ve büyük bir manevi derinliğe sahip bir din vizyonuydu.

Musa bu "suretsiz" tanrıya tapınma biçimini de baştan aşağı değiştirdi. Sunuları, kurbanları ve görkemli törenleri, belli veya belirsiz Yahve'nin ihtiyaçlarını karşılama anlamını taşıyan bütün ritleri yasakladı: Yahve'nin *hiçbir şeye* ihtiyacı yoktu! Bundan sonra ona ancak istemlerini yerine getirmek suretiyle bağlanılabilecekti, ki bu istemler de bütün çabanın, etik ve toplumsal bir yasaya uygun olarak, doğru davranmaya odaklanmasını buyuruyordu.

İşte benim gözümde Musa'yı benzersiz bir kişilik yapan iki temel özellik: Belli bir "vahdet" kavramına, Tanrı'nın insana göre aşkın ve biricik olduğu fikrine, daha başlangıçta duyduğu eğilim ve kurduğu ahlaksal [etik] din.

HALKLA BAĞLAŞIM

— *On Emir'i taşıyan "Yasa Levhaları"nda, Musa'ya Tanrı tarafından dolaysız ve aracısız olarak esinlenen bir etik din mi demek istiyorsunuz?*

— On Emir tam anlamıyla bir yasa değil, daha ziyade aralarında yaptıkları Bağlaşım'da İbranileri Yahve'ye bağlayan temel zorunlulukları hatırlatan bir listedir. Bu ahlak "kodu" da, içinde doğduğu genel ortam göz önüne alındığında, tamamen beklenmedik bir yenilikti. Elbette içeriğiyle değil, zira bu içerik basit ve beylik birtakım "hal ve gidiş" kurallarının kısa bir kataloğudur: İnsan öldürmemek, hırsızlık yapmamak, başkasının malına göz dikmemek vb... Fakat bütün bu ilkel ve temel zorunlulukları Tanrı'nın istemine bağlamasıyla yenilikti; ve bunların gözetilmesi, izlenmesi, eski tapınıştaki yapmacıklığın, gösterişin ve göz alıcılığın yerini alacaktı. Ahlaka uygun, dürüstçe ve başkalarına saygı göstererek hareket etmek, O'na layık bir tapınmanın, O'nun büyüklüğünü tanımanın, tek yolu haline gelecekti. Bu çok derin ve önemli bir altüst oluştur!

— *Fakat, Kitabı Mukaddes'e göre, bu Tanrı aynı zamanda kıskanç, hatta korkunç bir savaşçı tanrı değil miydi? Evrensel bir tanrıdan çok bir klan şefinin, bir savaş önderinin karakter özelliklerini taşımıyor muydu?*

— Tanrı'nın da, Yahve'nin de, o sırada insanların kafasındaki efendi, *şef, önder* imgesine göre tasarlanması ve düşünülmesi kaçınılmazdı; bu önderin yardımıyla İsrailoğulları sadece Filistin'deki yerlerini tekrar almak değil, aynı zamanda –hepsinin ortak özlemi olduğu anlaşılan– orada kendilerine özgü bağımsız bir ülke yaratmak umudundaydılar. Yahve'nin şiddeti, gazabı, savaşçılığı, "kıskançlığı", bu korkunç ve acımasız yanı, bu roldeki tasarlanış biçimini yansıtıyordu. Fakat Tanrı kavramı o zamandan beri hayli evrim geçirdi; bugün onu bir savaş önderi olarak nasıl görebiliriz ki?..

Vurgulanması gereken bir nokta daha var: Musa zamanında ve ondan birkaç yüzyıl sonraya kadar, Bağlaşım ve din sadece *kolektif* düzeyde anlaşılıyordu. Açıklayayım: Yahve bağlaşımını, taraf olarak, İsrail *kavmiyle* yapmıştı, bu kavmin tek tek her bireyiyle değil; bireylerin taraflılığı ancak çok dolaylı yoldan düşünülebilirdi. Bağlaşım, önce bir bütün olarak halklaydı. Halk olarak, topluluk olarak, Bağlaşım'a sadık kaldığı takdirde, Yahve İsrail'in kaderini, bundan sonraki tarihini eline alıyordu. Başka deyişle, bununla Yahve, denebilir ki, aktör olarak Tarih'e giriyordu. Ve böylece, onun ne biçimde düşünüleceğini de İsrailoğullarının daha sonraki tarihi belirleyecekti. Benim fikrimce, tektanrıcılık kavramı da bu yoldan, yavaş yavaş doğmuş ve benimsenmiştir.

İSRAİL'İ BİR ULUS HALİNE GETİRMEK

— *Musa'nın, MÖ 1250'lerde gerçekleştiği sanılan ölümü Yahve anlayışında ve Yahve'yle ilişkilerde bir değişikliğe neden oldu mu? Önderlerinden yoksun kalan, hâlâ kendi yurtları saydıkları "vaat edilmiş topraklara" doğru yolda olan İbraniler, Tanrılarının buyruklarına ve ahlak ilkelerine uyma görevlerine sadık kalabildiler mi?*

— Musa yolun yarısını kat etmişti: Kavmini Yahve'ye bağlamak. Görevinin ikinci aşaması kalıyordu: İsrail'i bir ulus yapmak, ona bir yurt vermek; yani göçebelikten yerleşik yaşama geçişi örgütlemek. Bu güçlüğe bir güçlük daha eklendi: Ülkenin yerli halkıyla, gelişmiş bir uygarlıkları olan Kenanlılarla (onların yerini almadan önce) birlikte yaşamak ve bunu kendi Tanrılarına ve öz kimliklerine olan bağlılıklarını yitirmeden yapmak. Ne var ki, göçebeler için çölün ortasında sadece Yahve'nin istemlerine bağlı kalmak ne denli kolaysa, bir kez yerleşik yaşama geçtikten sonra, hele uzun süreden beri yerleşik yaşayan ve tanrıları da kendilerini kanıtlamış bir toplumun ortasında, bunu yapmak o denli zordu. Özellikle toprağın işlenmesi konusunda her şeyi Kenanlılardan öğrenmek durumunda kalan İsrailoğulları, Kenanlılara bu bolluğu bahşeden o tanrılara karşı bir yönseme duymamazlık edebilirler miydi? En başta toprak mülkiyetine geçiş, yaşam tarzlarını kökten değiştiriyordu. Zenginlerle yoksullar, zalimlerle mazlumlar, alacaklılarla borçlular arasındaki –göçebelerin bilmediği– karşıtlıkları keşfediyorlardı. Kısacası, özel çıkarlar uğruna, o kardeşliğe benzer dayanışmadan, kişisel mülksüzlük ortamından kopuyorlardı.

O zaman, On Emir'de ifadesini bulan Musa etiğinin buyurduğu temel kardeşlik ilkelerini gözetmek çok daha güçleşti ve onları çiğneme olasılıkları da çok daha arttı. Başka deyişle, İsrail kendini yavaş yavaş Bağlaşımının gereklerinden yan çizme, ve bu ihanetleri yüzünden cezalandırılma durumuna getirdi.

— *O zaman, İsrail'in yaşamında meydana gelen iniş-çıkışlarda, krallarının rolü ne oldu?*

— Krallık yönetimine ulaştıktan sonra (MÖ 1000 yılına doğru), önce anlı şanlı bir dönem yaşandı: Davud dönemi. Davud her zaman "büyük kral" olarak görülmüştür. Süleyman'ın ise ülkesini Davud'un yaptığı gibi sıkı ve akıllı biçimde yönetemediği anlaşılmaktadır, öyle ki ölümünden pek az sonra ülke, Kuzey'le Güney (İsrail krallığı ile Yahuda krallığı) arasında bölündü. Şöyle de denebilir: Yaşanan oldukça zengin ve gönençli bir dönem, İsrailoğullarını Yahve'nin artık kendilerini hiç bırakmayacağına inanmaya ve dolayısıyla kendi şanslarına güvenebileceklerini düşünmeye sevk etmişti. Fakat bu dönemin ardından bir gerileme ve çöküş dönemi başladı. Asur tehlikesi iyice ufukta belirince işler daha da kötüye gitti. Gerçekten de, MÖ VIII. yüzyıldan itibaren, güçlü ve karşı durulmaz Asurluların giriştikleri fetih savaşları bütün şiddetiyle İsrail krallığının üzerine çöktü.

SAPKINLIKLARA DAYANAMAYAN "PEYGAMBERLER"

— *Yine de, bu erime ve çözülme yüzyılları içinde, girilen yeni yaşamın ayartmalarına, Kenan tanrılarına ve artan adaletsizliklere karşı bir direnme çekirdeği olsa gerekti, değil mi? Peki, peygamberler, sizin deyiminizle o "dinine aşırı bağlı kişiler", ne yapıyorlardı?*

— Gerçekten de Musa'nın dini idealini bütün olarak savunan, inançlılar arasında en inançlı bir grup insan çıktı; bunlar mensup oldukları halkın, zaafları ve Bağlaşım'ı umursamazlıkları yüzünden Tanrı'nın yolundan saptığını ve cezalandırılmayı hak ettiğini görmekten öfkeye kapılıyor, isyan ediyorlardı. Olup bitenlere şiddetle karşı çıkarak ve herkese dinlerinin özünü hatırlatarak, bu "peygamberler", –zira burada onlar söz konusu– gelecekte dinler tarihi için belirleyici bir rol oynadılar. Bunların işlevini iyi anlamak gerekir: Gaipten, gelecekten, haber vermek değil, *vaaz vermekti* bu. Yahve'nin cezasının tehdidi altındaki soydaşlarına, durup dinlenmeden, ödevlerini hatırlatıyorlardı. Asurluların karşı durulmaz ve amansız askeri kuvveti, peygamberlerin kötümserliğini haklı çıkararak, Yahve'nin mutlak gücünü parlak biçimde doğruluyordu. Zira peygamberler anlamış ve herkese de anlatmışlardı ki, Asurluları İsrail'i yeryüzünden silmeye gönderen, Asur tanrıları değil, Yahve'nin kendisiydi; onları kendi kavmine karşı, bir köpeği ıslıklar gibi çağırıp kışkırtıyordu (İşaya, 5, 25-26):

Kavmine karşı RABBİN *öfkesi*
Bundan ötürü alevlendi,
Ve elini onlara karşı uzatıp onları vurdu;
Ve dağlar tiriyorlar,

*Ve onların leşleri sokakların ortasında
Gübre gibi duruyor.
Bütün bunlarla beraber, öfkesi geri dönmedi.
Fakat eli hâlâ uzanmış duruyor.
Ve uzaktaki milletler için sancak dikecek,
Ve yerin ucundan onları çağırmak için ıslık çalacak;
Ve işte, acele ile çabuk gelecekler.*

Sözünü dinlemeyenleri adaletli biçimde cezalandırmaya söz vermiş olan bu adaletli Tanrı fikri nedeniyle, tarih bir anlam ve yön kazanmıştır. "Halen yaşadıklarımızı kendimiz hak ettik" diye tekrarlıyorlardı peygamberler. Bu, gidişatın sadece Yahve'nin elinde ve denetiminde olduğunun, Yahve'nin korkunç Asurlularla tanrılarından çok, çok daha kuvvetli olduğunun, ve dolayısıyla dünyanın en güçlü Tanrısı –*Tek Tanrı*'sı– olduğunun kanıtıydı. VIII. yüzyıl peygamberleri, Yahve Yasası'nın çiğnenmesini protesto ederek, Musa dininin özünü durmadan hatırlatarak, cezanın da gerekliliği ilkesini koymuş ve Yahve'nin adaletinin mutlak ve evrensel olduğunu, *O'nun tüm evrene egemen olduğunu* göstermiş oluyorlardı.

Tektanrıcılığın olgunlaşmasının buradan kaynaklandığını ve Yahve'yle bağlaşım ve sadece O'na bağlanma kavramlarının ikili ortamında gerçekleştiğini düşünüyorum. Böylece, Tanrı'nın birliğinin *mutlak* önceliği, dünyada ilk kez açık seçik ortaya konmuş oluyordu; bundan çıkarılacak sonuçlar ise daha bitmemişti.

YAHVE'Yİ BÜTÜN DÜNYAYA TANITIP AÇIKLAMAK

— *MÖ 587'de Babil kralı II. Nabukhodonosor Kudüs'ü kuşatır, alır ve yakıp yıkar. Birçok İbrani öldürülür ve ülkenin seçkinleri, yaklaşık 4500 kişi, Mezopotamya'ya sürülür. Bu, o korkunç "Sürgün'le sınanma" olayıdır. Bu olayın, tek Tanrı dininin gelişmesi açısından ne gibi sonuçları olmuştur?*

— Yahve'ye inananların zihniyetleri, o zaman, peygamberlerin savunduğu görüşlere doğru evrime uğrar. Peygamberler, "Yahve'nin isteklerini yerine getirmediğimiz için başımıza bunlar geldi!" diye diye, Kitabı Mukaddes'in birbirini izleyen taslaklarında yasalaştırılmış olan bu isteklere her şeyin üstünde bir önem atfetmişler, bununla birlikte kendileri de mutlak tektanrıcılığa iyice ikna olmuşlardır.

Öte yandan, Sürgün döneminde, İsrail kavminin içinde iki ayrı Yahvecilik görüşünün güçlenip birbiriyle çatıştığını sanıyorum. Bir yanda, hakkında hemen hemen hiçbir şey bilmediğimiz, "İkinci İşaya" denen kişinin çevresinde oluşan görüş; diğer yanda Hezekiel peygamber çevresinde dile gelen görüş. Birincisi, Yahve dinini bütün dünyaya açma, evrenselleştirme eğilimi taşıyordu; ikincisi ise aksine, Yahve'ye ve O'nun iradesine odaklanmış, kendi içine kapalı, sadece dinsel bir cemaat yaratmayı amaçlıyordu.

— *Bu "İkinci İşaya" adı nereden geliyor?*

— "İkinci İşaya" dediğimiz kişi, bana göre, sonuncu büyük peygamberdir. Ayrıca da, olağanüstü bir dilde olağanüstü imgelerle yepyeni bir üslup yaratmış çok büyük bir şairdir. İmzasını taşımayan [anonim] yazılı eserleri, Kitabı Mukaddes'in derleyicileri tarafından, ondan iki yüz yıl önceye ait olan "Birinci" İşaya'nın kitabına eklenmiş olup, bu kitabın son ve kesin yazılımında 40-55. bölümleri oluştururlar (daha sonra buraya bir "Üçüncü İşaya" daha eklenmiştir!). Babil ülkesindeki sürgünlük, 539'da Babil'in [Pers imparatorluğunun kurucusu] Büyük Kurus tarafından zaptına kadar, yaklaşık elli yıl sürdü. Asurlu ve Babillilere göre daha geniş görüşlü olan Kurus, 538 yılında İbranilere özgürlüklerini geri verdi.

İşte bu vatana dönüş bağlamı içinde, İkinci İşaya, eski Yakındoğu'yu sarsan savaşlar, felaketler, sürgünler ve diğer yıkımlardan gereken dersleri çıkararak, Yahve'yle ve Yahve tarafından kurtuluş ve özgürlük içerikli bir mesaj verir. İyi bir peygamber olarak, tarihin bütün bu çırpınış ve şahlanışlarında Yahve'nin mutlak gücünü görür; ve bunun yanında, O'nun artık kavmini bağışladığını da görür. Ana fikri şudur: Yahve'nin istemi üzerine kavmin üstüne çöken ve onu vatanından ayıran bu felaketten sonra, İsrail O'ndan bir kutsal görev almıştır: Yahve'yi bütün dünyaya tanıtmak, tek ve evrensel Tanrı'yı bütün insanlara öğretmek, ve her yerde bu biricik ve en yüce Tanrı'nın bilgisini ve hayranlığını yaymak...

SELAMET MESAJI

— *Bu evrensel mesajdan bazı örnekler verebilir misiniz?*

— Sanki en baştaki hikâye, Musa'nın koruyucu kanatları altında Mısır'dan çıkarak çölü geçişin öyküsü, yeniden yaşanıyormuş gibi, İkinci İşaya, vaktiyle Mısır'dan çıkış gibi şimdi Babil'den çıkışın da herkes için Yahve'nin büyüklüğünü ve mutlak gücünü nihayet anlama vesilesi ve fırsatı olacağını haber verir (İşaya, 40, 1-5):

Allahınız diyor:
Teselli edin kavmimi, teselli edin.
Yeruşalim'in yüreğine seslenin;
Savaş zamanı doldu,
Fesadı bağışlandı,
Bütün suçları için
RABBİN elinden iki kat karşılık aldı,
Diye ona çağırın.
Çağıranın sesi:
Çölde RABBİN yolunu hazırlayın;
Bozkırda Allahımız için
Büyük bir yol düz edin.
[...]
ve RABBİN izzeti izhar edilecek,
Ve bütün beşer onu hep birden görecekler;
Çünkü RABBİN ağzı söyledi."

İsrail kavmi, çektiği acılar sona erince, Yahve'nin görevlisi, elçisi ve hizmetçisi olarak gözüküyor. Çağrıldığı görev, bu biricik ve evrensel tanrının bilgisini bütün dünyaya yaymak olacaktır. Tek Tanrı'ya bağlanmış olan İbranilere kalan ayrıcalık, sözcüsü olmak üzere O'nun tarafından seçilmiş olmaktır (İşaya, 52, 1-2):

> *İşte kendisine destek olduğum kulum;*
> *Canımın kendisinden razı olduğu seçme kulum;*
> *Ruhumu onun üzerine koydum;*
> *Milletler için hakkı meydana çıkaracaktır.*

Bu ideal elbette pek yüce ve pek soylu bir idealdi, ama olasılıkla Musa'nın yurttaşları için fazlaca yüksek, ve kendini İbranilere benimsetmek için, onların somut yaşam kaygılarından belki de fazlaca uzaktı.

— *Dolayısıyla, tutsaklıktan dönüşte, bunun yerine Hezekiel'in milliyetçi ve ahlakçı görüşü üstün gelecekti, değil mi?*

— Hezekiel toplumda gördüğü işin damgasını taşıyordu: Kudüs Tapınağı personeline mensup bir din adamıydı. Çevresinde bir tür gelenekçiler "partisi" oluşmuştu; bunlar durup dinlenmeden İsrail'in "Tanrı'nın kavmi" olarak "seçilmiş" olduğunu tekrarlıyorlar, bu fikri ta İbrahim'e, İsrail'in kökenlerine kadar çıkarıyorlar, ve bundan gurur duyuyorlardı. Hezekiel' de, İkinci İşaya'nın aksine, "selamet mesajı" sadece İsrail kavmini ilgilendiriyordu; öteki halklar, putlarıyla birlikte, hiç hesaba alınmıyordu; onlarla ilgilenmek söz konusu değildi ve İsrail'in onlarla hiçbir işi olmaması gerekiyordu. Hatta bunlar Yahve'nin, dolayısıyla seçilmiş halkının da düşmanlarıydı.

İsrail'in bu yeniden dirilişi aşamasında, gayet sıkı bir Yahve'ye sarılma ve kendi içine kapanma güdüsü her şeye hâkim olur. Her şeyden önce dinsel ve kapalı bir cemaatin kurulup yerleşmesine tanık oluruz. Örneğin, Kudüs Tapınağı'nın girişi sadece İbranilere serbesttir. Hezekiel, yeni sıkıdüzenin yasa koyuculuğunu ve sözcülüğünü üstlenerek, "İsrailoğulları arasında bulunan ecnebilerden hiçbiri, yüreği sünnetsiz ve eti sünnetsiz hiçbir ecnebi makdisime girmeyecek" diyecektir

(Hez. 44, 9). Böylece tamamen dışa kapalı, katışıksız dinî bir cemaat kurulmuş olur. İşte ancak bu andan itibaren, *Yahudilik*'ten söz edilebilir.

YAHUDİLİĞİN DOĞUŞU

— *Yahudilikten bir dini cemaat olarak söz ettiniz. Oysa Yahudilik aynı zamanda kişisel bir dindir, değil mi?*

— Yine büyük bir peygamber olan Yeremya sayesinde, daha Sürgün'den önce, bir "başka ilerleme" kaydedilmişti. Bu kişi, o zamana kadar bilindiği şekliyle kolektif bir olgu olan dinden öte, kişisel dini keşfetmiştir: Bütün ululuğuna, yüceliğine, güç ve kudretine karşın, Yahve'yi kendine muhatap almak, gönlünde O'nunla bir dostla konuşur gibi konuşmak, ve O'nun önünde kendini sorumlu hissetmek imkânı... Sonuç olarak, Yeremya'nın dediği (31, 29) ve Hezekiel'in tekrarladığı (18, 2) gibi, bundan böyle, dayanışma bağlamı içinde, "Babalar koruk yediler ve oğulların dişleri kamaştı" demek gerekmeyecektir. Her birey Yahve'nin önünde *kendinden* sorumlu olacaktır. Yahve artık karşısında muhatap olarak bir *halkı* değil, tek tek *bireyleri* bulacaktır; ve her bireyin iyi ve kötü eylemleri, Yahve'nin lütfunu veya gazabını, başkalarının değil sadece o bireyin üstüne çekecektir.

Yahudilik kişisel bir dindir, doğru, ve bu husus, Tanrı'nın her bireye göstereceği davranış konusunda birtakım sıkıntılı ve kaygılandırıcı sorunlara da yol açmıştır. Eskiden, bir halkın hak ettiği ceza ya da ödülleri gerektiği kadar ertelemek mümkündü, zira bir halk çok uzun süre yaşar. Oysa bireyin ömrü kısadır; dolayısıyla, doğru kişinin, Yahve'ye karşı doğru davranışına, O'nun iradesine boyun eğişine karşılık *bu dünyada* ödüllendirilmesi; kötünün de *ölümünden önce* cezalandırılması gerekiyordu, zira o devirlerde ölümden sonrası için kader olarak büyük, derin ve sürekli bir uyuşukluktan başka bir beklenti yoktu. Kitabı Mukaddes'te, bu "eylemlere adaletle karşılık verme" probleminin, ve bir anlamda, kötülüğün "nedeni" sorununun çıkardığı tartışmaların birçok yankısına rastlanır.

— *Demek ki Yasa kavramının; İsrail'in bir tür yalıtılmışlığa geri dönüşüyle de desteklenen Yasa'ya itaat ve "rücu" fikrinin kazandığı büyük önem buradan geliyor.*

— Uzun dinsel tarih, her konuda Yahve'nin iradesine boyun eğmenin gerekliliğini olaylarla doğrulamıştı. Bu irade yüzyıldan yüzyıla, gittikçe daha çok sayıda ve daha açık seçik, olumlu ya da olumsuz "ahlaki" ve "dini" ilke ve buyruklar halinde "tedvin edildi" (aşamalı oluşum süreciyle Kitabı Mukaddes bunun tanığıdır). Yavaş yavaş, bu yasadaki "yükümlülüklere" ve "buyruklara" son derece titizce dikkat edilir oldu ve bunlar, önce Tanrı kavramının üzerine eklenerek, sonra da kısmen onun yerine geçerek, bir bakıma Tanrı'nın kafa ve gönüllerdeki yerini aldılar. *Yasa* [*Loi*, "şeriat"] adı altında, Kitabı Mukaddes'in ilk beş kitabı ve en temel bölümü, Tanrı'dan gelen "öğretiler ve yasalar" sayılan Tevrat çevresinde, mutlak bir önem kazandılar.

Yahudilik dini, belki de Tanrı'nın kişiliğinden bile daha çok, işte bu temel kavramın egemenliğinde kalmış gibi görünüyor. Tektanrıcı bir dindir, evet, ama aynı zamanda çok derin biçimde "yasalcı" [*légaliste*] bir dindir. Bunun gerçek kurucusu olan Esdras hem bir din adamı hem de bir "edebiyat" adamıydı: Yani bir yazı adamı, yazılı Kitap'ın, ve her şeyden önce de o Kitap'ta yazıya geçirilmiş Yasa'nın, ulemasından biri. Tanrı'yla insanlar arasındaki ilişki artık dolaysız değildi; metinden, Yasa metninden, ya da daha geniş anlamda, Tevrat'ın metninden, geçiyordu (ve hâlâ da her şeyden önce oradan geçmektedir).

DİN DE, SEVGİ GİBİ

— *Buraya kadar İsrailoğullarının dininin evrimi üzerinde durdunuz. Başlangıçta bu din, bir grup göçebenin, kökeni karanlık ve o zamana dek bilinmeyen bir tanrıya bağlan-*

ması biçiminde kendini gösteriyordu; sonra, Yahudiliğe dönüşerek, dünyanın ilk tektanrıcı dini haline geldi. "Kendi" kavmine bir kimlik ve bir tarihsel süreklilik sağlayan egemen bir tanrı kavramı ile bütün evrenin tek Tanrısı arasında bir tür çelişki görmüyor musunuz?

— Doğal olarak, ben kendi hesabıma burada bir çelişki görüyorum: Din ve siyaset, tanımları gereği, birbirinden çok ayrı iki alandır. Fakat şu da bir gerçektir ki İsrail'de, daha başlangıçtan, Tanrı'nın kendine bir kavim, yani siyasal bir varlık seçtiği düşüncesinden beri, bu iki çizgi hemen her zaman kesişmiştir. İsrail'in dinsel evriminin yönünü de hep bu olgu belirlemiştir.

— *Demek ki bir din de siyasete göre yönlendirilebiliyor veya kullanılabiliyor. Böylece Musa, Tanrı'yla kavmi arasındaki aracılık görevinden başka, ilk ulusun kurucusu ve İsrail'in "ilk yasa koyucusu" da oluyor. Tanrı'nın biricikliği fikri, sakın çok kuvvetli bir "ulusun birliği ve biricikliği" duygusunu dile getirmek için icat edilmiş olmasın?..*

— Eğer dinin, siyasetin bir türevi, sonucu ve aracı olduğunu ima etmek istiyorsanız (ki günümüzde bu moda), bu düşüncenizi kesinlikle onaylamıyorum. Bir kez daha belirteyim, din siyasetten çok farklı bir alanda ve düzeyde yer alır. Dinin birilerine siyasal "iktidar" sağlamak üzere geliştirildiğini sananlar, dinden hiçbir şey anlamıyorlar, dinin ne olduğunu kendi kendilerine hiç sormamışlar, ya da dini hiç anlamamışlar demektir. Bu biraz, sevginin de iktidar elde etmek için icat edildiğini iddia etmek (bunu yapan da mutlaka olmuştur!) gibi bir şeydir!

Musa elbette ve açıkça kavminin siyasal telinden de çalmıştır, zira insanlar saf ruhtan ibaret değildirler ve onları [dünyevi] bir şeyler uğruna coşturmak, bunu yapmamaktan iyidir. Fakat bu böyledir diye, Yahve'nin her şeyden önce bir siyasal güç olarak düşünüldüğünü de sanmamak gerekir.

— *Demek ki size göre, MÖ XIII. yüzyılda ilk ışıkları görülen, İsrail'in bu dini duygusu, siyasal türden bir özlem veya gereklilikten tamamen farklı bir şey?..*

— Elbette. Bunlar özleri gereği iki farklı şey. Ben dini kolaylıkla sevgiye benzetebilirim: Sevgi nasıl tanımıyla, yöneldiği amaçla, yaşanma biçimiyle kendine özgü –ve sevgiyi her zaman ona bakarak tanıdığımız– bir dünya yaratıyorsa, din için de durum aynen böyledir. Âşık olmuş bir siyasetçi aynı zamanda hem âşık hem de siyasetçidir; ama [ikisinin karışımı bir şey değildir], bu iki şey özleri gereği tamamen ayrıdır. İnsanların çoğu, hatta din tarihçileri bile (ki bu çok daha ayıplanacak bir şeydir), hiçbir zaman bir dinin, Din'in ne olduğu konusuna ciddi olarak kafa yormamışlardır.

— *Dini başka bir şeye indirgemeden önce, onu kendinde ve kendisi olarak incelemek gerektiğini mi söylemek istiyorsunuz?*

— Evet, ve bu kanımca en baş görevdir. Din, bireysel bir duygu olmaktan çok, toplumun bireyler üzerindeki bütünsel bir baskı faktörü olarak ele alınmıştır; oysa dinin birincil ve temel gerçekliği bu kişiselliktir. Ancak, kabul etmek gerekir ki pek az kişide böyle kapsamlı, sahici ve tam bir din duygusu bulunur. Ama, gerçekten ve bütün kapsamıyla âşık olabilen insanlar da çok az değil midir?..

BİR GÖNÜL TANRISI

— *Sizi doğru anlamışsak, tarihçi olarak ve eski Yakındoğu hakkındaki tüm bilginize karşın, özetle, tektanrıcılığı icat edenin neden Musa olduğunu açıklayamadığınızı söylüyorsunuz...*

— Bir anlamda haklısınız. Hıristiyanlığın icadını da, İslamınkini de açıklayamıyorum zaten. Bir adam çıkmış, kafasında –dinsel veya başka– büyük bir amaç tasarlamış; bunu, önce tek başına, uzun uzun düşünüyor, ve bunun çevresinde koskoca bir sistem kurma noktasına kadar gele*biliyor*. Kendisi ikna olduktan sonra, başkalarını da inandırmak isteye*biliyor*. Böylece, sanki kazayla olmuş gibi, dinsel bir hareket doğa*biliyor* (aynı şekilde, siyasal bir hareket, felsefi bir hareket vb. de olabilirdi). Bundan sonrası artık gidişatın keyfine kalmıştır; nitekim böyle yüce amaçlı girişimlerin birçoğu bu noktadan ileri gidememiş, başka deyişle ölü doğmuştur. Ama aralarından rasgele biri, yeterli bir yankı uyandır*abiliyor*, kökleş*ebiliyor* ve büyü*yebiliyor*. Musa'nın ve başka birkaç kişinin daha, dinsel serüvenlerinin tarihi işte bu türden bir şeydir.

— *Bu anlamda, Musa bir yaratıcı mı olmuştur? Onu nasıl değerlendiriyorsunuz?*

— Şunu ifade etmeliyim ki, özellikle bir dinler tarihçisi, yani her şeyden önce dine ve onun sorunlarına ilgi duyan biri olarak, Musa'ya sonsuz bir hayranlık besliyorum. Kendisi şöyle veya böyle bir kişi olduğu için değil, zaten hakkında hiçbir şey bilmiyoruz desek yeridir; sadece eserini ve anlayıp yaydığı öğretinin sonraki etkilerini görüyoruz. Belirtmeye gerek yok, İsrailoğullarının, Kitabı Mukaddes'in dininin, dolayısıyla, biraz uzaktan Hıristiyanlığın, biraz daha uzaktan İslamiyetin kaynağında yer aldığı için de değil (ki bu kadarı da hiç de fena bir performans sayılmaz!). Fakat ben onda, zamanında evrensel olarak kabul edilmiş dinsel normlardan kesinkes kopabilmiş, dünyanın ilk gerçek dindar ruhunun sahibini görüyorum; bu normlar, o olmasaydı, belki hâlâ aynen geçerli olacaklardı. Bu normlar köktenci ve ister istemez gerçekdışı bir insan-biçimcilik üzerine kurulmuş olup, özetle, din sorununa verilebilecek en safdilane ve gayri ciddi yanıtı temsil ediyorlardı. Musa, –benim fikrime göre, ve mesajının nesnel doğruluğu ne olursa olsun– şu noktayı anlamamızı sağlayarak, bizi bu bataktan çıkardı: Eğer bize bir Tanrı lazımsa, bu ancak, olabildiğince, *hiçbir şeyde* bize benzemeyen bir tanrıdır; ne kadar büyütülüp yüceltilmiş olursa olsun eninde sonunda bir insan olmayan bir tanrıdır. Onun hakkında, *var olduğunu, orada hazır ve nazır olduğunu* bilmemiz yeter; hepsi de aldatıcı olmaya mahkûm başka sözde açıklamalar gereksizdir.

Musa bizi gerçekten aşkın, mutlak ve anlaşılmaz bir tanrıyla ilişkiye sokan ilk kişidir. Bu tanrı, bir felsefi kavram değil, bir gönül Tanrısıdır! Aklımla anlayabildiğim bir tanrıyı ne yapayım ben! Bunu herhalde bizim gibi algılamıyorduysa bile, Musa bize işte bunu öğretti.

YAHUDİLERİN TANRISI

MARC-ALAIN OUAKNIN

YAHUDİLERİN KİTABI: TEVRAT

— *En kısa ifadeyle, Yahudi, Kitabı Mukaddes'te açınlanan ve Jean Bottéro'nun tarihçi olarak bize yukarda doğuşunu anlattığı tek Tanrı'ya inanan kişidir, denebilir mi?*
— Evet, ama kullanılan sözcüklerin anlamlarını da belirginleştirmek gerek. Örneğin, siz Kitabı Mukaddes dediniz; bir Yahudinin ağzındansa daha çok Tevrat, yani Tanrı'nın bizzat dikte ettiği ve bu dikte altında Musa'nın kendi eliyle yazdığı, "Musa'nın Kitabı" terimini duyarsınız. Bundan kasıt, Kitabı Mukaddes'in ilk beş "kitabı", yani Tekvin, Huruç, Levililer, Sayılar, ve Tesniye bölümleridir; bunlara ayrıca "Pentatök" [*Pentateuque*] de denir (Yunanca kökenli bu sözcük "beş tomar" anlamına gelir). Bu kitaplar, Yahudi geleneği ve incelemelerinin bütününde tamamen ayrıcalıklı bir yer tutar. Bir Yahudi size Tevrat'tan söz ettiğinde, aklında mutlaka Musa'nın bu beş kitabı, Yahudi tarihini dünyanın yaradılışından, Mısır'dan çıkıp İsrail toprağına gelişe kadar anlatan bu bölümler vardır.
— *"Musa'nın kendi eliyle yazdığı kitaplar" dediniz, yanılmıyorsam. Fakat tarihçilere göre Musa bu ilk beş kitabın "yazarı" değil!*
— Ne tarihçilere, ne de inananlara göre! Musa Tevrat'ı Tanrı'nın diktesi altında yazmıştır. Gerçek anlamda "yazarı"

değil, ancak yazıcısıdır. Tesniye kitabının sonunda Musa'nın ölümü anlatılır. Buna göre, Tesniye'nin yazarı kendi ölümünü, cenaze törenini anlatmış oluyor! Bu konuda Talmud'un pek güzel bir açıklaması vardır; bunda, Tanrı'nın Musa'ya kendi ölümünün öyküsünü dikte ettiği anlatılır. Öykünün sonunda Musa, "ve Musa öldü..." sözlerini duyunca, mürekkeple yazmayı bırakmış, ağlamaya koyulmuş, ve bölümün sonunu getirmek için mürekkep yerine kendi gözyaşlarını kullanmış; bu bölüme "mürekkeplik gözyaşları" başlığı verilebilirmiş. Musa Tevrat'ın yazarıdır demek, bu kitapların Tanrı tarafından Musa'ya ve onun aracılığıyla Yahudi ulusuna "indirilen" veya verilen kitaplar olduğunu ifade etmektir. Önemli olan, tarih ve takvim değil, Musa'nın otoritesidir; Tanrı'nın vahyinin bir kitap aracılığıyla geldiğine dair o temel fikirdir; Tanrı kavramının Yahudiler için bu kitabın varlığı dışında düşünülemeyeceği fikridir.

— *Peki ama, o zaman Kitabı Mukaddes'in anlattığı tarihin ya da hikâyelerin rolü ne oluyor? Örneğin, İbrahim'in veya Musa'nın yaşamöyküleri peri masalları veya ibret alınacak kıssalar mıdır? Bilinmesi önemli olacak tarihsel bir nitelikleri ya da arka planları var mıdır bunların?*

— Tarihçiler, arkeologlar; eski Doğu, eski metinler ve eski diller uzmanları, meslekleri gereği bu arka planı aydınlatmaya, olabildiğince yeniden kurmaya çalışıyorlar. Fakat, Kitabı Mukaddes'in ilgilendiği Yahudiler olarak bizler için, İbrani geleneğinde –ister Kitap'ın metninde ister Talmud geleneğinin yorumlarında– önemli olan, olayların "gerçekte nasıl olup bittiği" değil, hikâyenin bize nasıl anlatıldığıdır.

Tufan öyküsünü alalım (Tekvin, 7 ve 8). Elimizde antikçağın çok eski dönemlerinde meydana gelmiş bir veya birkaç tufan olayına dair izler vardır; ayrıca birkaç tufan öyküsü, ya da kısaca birkaç tufan da biliyoruz. Fakat Kitabı Mukaddes'teki tufanın nasıl meydana geldiği, ya da çeşitli antik metinlerde tufanın nasıl anlatıldığı değildir, bizim için önemli olan.. Tek tanrı fikrinin damgasını taşıyan İbrani bilincinin bunu nasıl kayda geçirdiği, geçirmek istediğidir. Burada da bizi öncelikle ilgilendiren Tanrı değil, elimizdeki metnin Tanrı imgesini bize nasıl aktardığı, Tanrı'nın insanlarla ve özellikle Nuh'la ilgili eylemlerini nasıl kayda geçirdiğidir. Ve bu açıdan, metindeki her şey önemlidir; sadece sözcükler değil, her sözcüğü oluşturan tek tek harfler de. Bu konuya tekrar döneceğiz.

TARİH VE BELLEK

— *Buna göre, tarihle bellek arasında karşıtlık mı söz konusu?*

— Kesinlikle. Tarih, geçmiş olaylarla uğraşır; bunlardan, bugün için, "ibret alınabilir" ya da alınamaz, o ayrı konu. Ama bu olaylar gerçekten "geçmiş", olup bitmiştir. Bellek içinse, aksine, bunlar günceldir. Esas olan, *gerçek olayın* öyküsü değil, *olayın gerçek öyküsüdür*; yani Vahiy metninin bize sunduğu öykü...

Bir karşıtlık daha vardır: Tarihçi metinlerde büyük küçük, çeşit çeşit çelişkiler bulabilir. Örneğin, Jean Bottéro'nun yaptığı gibi, İşaya Peygamber'in gayet evrenselci olduğu, ya da onun Tanrısının herkes tarafından tanınmak üzere tasarlanmış olduğu gösterilebilir. Buna karşılık, Hezekiel, tarihçinin ölçütlerine göre, daha "kapalı" veya dışlayıcı sayılabilir. Ama "inanmış" Yahudi okur için bu iki öğreti birbirini dışlamaz, aynı değerdedir, ve her ikisinin birden üstlenilmesi gerekir. Aynı şekilde, kral Davud da kral Süleyman* değildir, ama her ikisi de aynı derecede önemli ve gereklidir.

— *Demek oluyor ki, Kitabı Mukaddes'in kompozisyonu ve aşamalı olarak yavaş yavaş yazılışı üzerine, Jean Bottéro gibi tarihçilerin ve pek çok tefsircinin görüşleri, bütün bu açıklama ve yorumlar, sizi pek de ilgilendirmiyor...*

---

* Davud ve Süleyman, İslam geleneğinde peygamber sayılır. Ancak, bu Yahudi büyüklerinin ne olduklarını herhalde bir rabbiden iyi bilecek değiliz! – ç.n.

— Bir anlamda, hayır. Metinlerin, modern tarihten yola çıkılarak eleştirilmesi –"tarihsel-eleştirel okul" dedikleri yaklaşım– rabbilerce hesaba alınmaz; sıradan Yahudilerce ise daha da az umursanır. Tevrat bizim için her şeyden önce, hayatımızı ve ölümümüzü ilgilendiren bir iman metnidir, varoluşsal bir metindir. Onu okurken onunla özdeşleşiriz. Bugün de, evimizde veya sinagogda bunları dinlerken, anlattıkları şeyler bizim için sanki şimdi ve burada olmaktadır.

Demek ki, tarihçi okurla –ki bu bir Yahudi de olabilir– inanmış Yahudi okur arasında bir zaman kayması vardır. Birincisi için, Musa'ya inen vahyin (belirsiz de olsa) bir tarihi vardır; Kitabı Mukaddes'in derlenip yazılışının (ancak kısmen aydınlatılabilmiş de olsa) zaman içinde bir öyküsü vardır. İkincisi, yani inanmış okur içinse, Vahiy belli bir tarihte gelmiş değildir: Çok, çok eski zamanlarda, o kadar... Ve bu söz ona *bugün, hâlâ*, bir şey söyler. Ben, "Tanrı Tevrat'ı verir..." diye okurken, bu iş benim için şu anda olmaktadır. Vahiy bugün gelmekte, ya da gelmeyi bugün de sürdürmektedir. Sinagogda, "Şunu yapacaksın... Şunu yapmalısın... İbrahim yola koyuldu... Musa dağdan indi... vb." diye okunanları dinlerken, bu metinler, oracıkta gözlerimizin önünde olup biten şeylerden bahsettikleri için, üstümüzde öyle sihirli bir güce sahiptirler ki, bazen o metinlerin dışında dünyayı tekrar bulmak bile zorlaşır. Okunan metinde tufandan söz edilmişse, gerçekten olayın içinde yer alınmıştır. Sina dağını ilk kez ziyaret ettiğimde, orayı kendimi bildim bileli tanıyormuşum gibi bir izlenime kapılmıştım.

Bir midraş, "Tanrı'nın sözü kendi kendine hitap eder" der. Talmud'a göre bu, Tanrı'nın sözünün sürekli olarak konuşmakta olduğu ve bazı kimselerin kulaklarını onu işitecek kadar açabilecekleri anlamına gelir. Tanrı'nın sözünü işitme (ama ilan etme değil) yeteneğine sahip olan bu insanlar, peygamberlerdir. Yahudi olsun olmasın, Tevrat metinleri sayesinde "ötelerden gelen bir ses" işitebilen her okur da bir çeşit peygamberdir. Manevi hayat işte bu, "ötelerin" sesini dinleyebilme yeteneğiyle başlar.

BİR HARF DÜNYAYI YOK EDEBİLİR

— *Talmud, midraş... Tevrat kadar sıklıkla andığınız bu Talmud tam olarak nedir?*
— Gerçekten de onu pek sık anıyorum, çünkü Yahudiler için o da Tevrat kadar önemlidir. Zaten Talmud'a *sözlü Tevrat* da denir; yukarda bahsettiğimiz, Kitabı Mukaddes'in ilk beş kitabından oluşan *yazılı Tevrat*'ın tamamlayıcısıdır.
— *Talmud ne zamandan kalmadır?*
— Zamanda biraz gerilere gidelim. İbraniler MÖ 1250'lerde gelip Kenan eline yerleşirler. Krallık, önce Saul, sonra da Davud'la, MÖ 1000 yılı dolaylarında kurulur. Davud'un oğlu Süleyman Kudüs Tapınağı'nı inşa ettirir. 931'de, yani sadece 70 yıl sonra, siyasal ve dinsel bir ayrılık hareketi baş gösterir ve, kuzeyde İsrail güneyde Yahuda olmak üzere, ülkenin iki ayrı krallığa bölünmesiyle sonuçlanır. 586'da Kudüs tahrip ve Yahudiler Babil'e sürgün edilir, ve buradan 538'de dönerler. Bu sürgünden ne getirmektedirler? Önce bir yazı, bugün de İbraniceyi yazmakta kullanılan ve Talmud'un, Sina'da Tevrat'ın "indirilmesi" kadar önemli saydığı, dört köşe karakterli yazı... Sonra, halkın bundan böyle Tevrat'ın (ve yeniden inşa edilmiş olan Tapınak'ın) etrafında toplanması. Bu olgu başlıca iki büyük kişiliğin çevresinde gerçekleşir: Nehemya ve özellikle "Kâtip" Ezra. Zaten "kâtiplerin", Yasa'yı inceleyen, tartışan ve açıklayan, aynı zamanda son ve kesin –bir daha dokunulamayacak– şekliyle kayda geçiren "ulema"nın, etkisi de tam burada başlar.
— *Bir daha dokunulamayacak... mı dediniz?*
— İbranicede *sofer*, "kâtip" sözcüğü, "anlatıcı" ve "sayıcı" anlamlarına da gelir; yani aynı zamanda yazma, anlatma ve hesap kavramlarını içerir. Bu kâtipler, bir daha değiştirilmemek üzere saptamak amacıyla, Tevrat'ın harflerini, sözcüklerini, bölümlerini saymışlardır. Her harf hesaba girmiştir; "boşluklar" ve susma işaretleri bile anlam kazanmıştır.
— *Tevrat kutsal bir metin oldu da ondan mı?*
— Hayır. Yahudi inancına göre Tanrı dünyayı yazılı me-

tinle yaratmıştır da ondan. En eski geleneğin mirasçıları olan kâtipler böylelikle, dünyanın modeli olan, hatta dünyadan daha da önemli olan, bir metin vücuda getirmişlerdir. Eğer dünyanın bu metinde söylenenlere denk düşmediği fikrindeysem, dünyayı doğru algılayamayışımdandır, metinde yanlışlık olmasından değil. Başka deyişle, ben dünyanın ve dünyadaki hayatın anlamını ancak, kesin olarak saptanmış Tevrat'ı anlayarak kavrayabilirim. Tevrat'a dokunmamanın gerekliği buradan geliyor. Bir harf eklemek ya da çıkarmak, dünyayı tahrip etmek olur.

TALMUD'UN KÖKENLERİ

— *Daha sonra "Talmudcular" geliyor...*
— Evet. Bunlar Tevrat'ın tefsircileri, yorumcularıdır. Ama o zaman onların dedikleri sözlü gelenek oluyor: Üstatlar, "rabbi"ler, durmadan Tevrat'ın şu veya bu hikâyesinin, falan veya filan ayetinin, şu ya da bu kelimesinin veya harfinin anlamı üzerinde tartışıyorlar. Bütün bunlar ancak MÖ II. yüzyıldan itibaren yazıya geçirilmeye başlanıyor, ve dört yüzyıl sonra, MS II. yüzyılda son ve kesin biçimini alıyor. Bu metin *Mişna* adını taşır. Sonra Mişna da okunup yorumlanıyor, ve V. yüzyıla kadar toparlanan bu yorumlar da *Gemara*'yı meydana getiriyor. Mişna ile Gemara birlikte, Talmud denen, Yahudi sözlü yasasını oluştururlar. Talmud'un içeriğinde, daha dolaysız biçimde Tevrat'ta anlatılanları ilgilendiren açıklama ve yorumlar *Midraşim*'dir (midraş'ın çoğulu). Midraş sözcüğü "yorum, tefsir" anlamına gelir. Yahudinin "kitaplığı", yani Yahudiler için Vahiy'i oluşturan kitaplar, her şeyden önce, Babil sürgününden sonra aldıkları kesin ve belirgin yapı içinde Musa'nın beş kitabından ibaret olan Tevrat'la, Tevrat'ın yorumlarından ibaret olan ve milattan sonra ilk yüzyıllarda
ış olan Talmud kitaplarından oluşur. Başka deyişle, ya-
a sözlü yasaya gerekli bir bağla, yorum/tefsir bağıy-
ıdır.

— *Yine de, sizin söylediklerinizden, Yahudi Kitabı Mukaddesinde sadece Tevrat'ın kapsadığı bölümün önemli olduğu anlamı çıkıyor gibi...*

— İbrani Kitabı Mukaddesinin adı *Tanakh*'tır. Bu sözcük, *Tevrat* (Musa'nın beş kitabı) ile Kitap'ın öteki bölümlerini gösteren iki sözcüğün baş harflerinden oluşmuştur: *Neviim* (nebiler, peygamberler) ve *Khetuvim* (kutsal metinler, ya da yazılar).

Talmud her şeyden önce, halkın kurucu rit ve mitlerini taşıyan Musa'nın kitaplarıyla ilgilenmiştir. Kitap'ın öteki "kitaplarının" daha az yorumlandığı doğrudur, ve birçok Yahudi de zaten bunlar hakkında fazla şey bilmez; ama tabii bunları reddetmez, göz ardı da etmezler. Bunlar da Vahiy'in ayrılmaz parçalarıdır.

Bugün, İsrail devletinin kurulmuş olmasıyla, Kitabı Mukaddes okurlarının tarihsel bilinçleri, metnin olaylara ilişkin boyutuna daha duyarlı hale gelmiştir. Biraz kenarda kalmış olan tarihsel metinler de artık yeniden yoğun biçimde inceleme konusu olmaktadır.

— *Demek ki günümüz Yahudiliği, Talmud'un damgasını taşıyan bir Yahudiliktir, ve Talmud'suz anlaşılamaz...*

— Bugün Yahudilik denen şey, Kitabı Mukaddes devrinde aynı şekilde mevcut değildi. Günümüz Yahudiliği, Babil sürgününden döndükten sonra (MÖ 586) doğmuş ve milattan sonra ilk yüzyıllarda, Talmud'un da oluştuğu dönemlerde, biçimlenip gelişmiştir. Zaten bu nedenle, "Talmudcu –ya da rabbici– Yahudilik" adını da taşır. Bu akım elbette Vahiy kitabına, Kitabı Mukaddes'e, Tevrat'a hâlâ bağlıdır, ama bunların Talmud uleması tarafından yapılan tefsirleri aracılığıyla. Bu durumun sonucu olarak, Kitabı Mukaddes'i okumuş olabilir hatta çok iyi tanıyabilirsiniz de, Yahudilik hakkında pek az şey biliyor olabilirsiniz. Birçok Hıristiyanın durumu böyledir! Ben yine de *sözlü Tevrat*'ın, Sina'dan Talmud ulemasının açıklamalarına kadar, kesintisiz süren tefsirinin bu sürekliliği üzerinde ısrarla duruyorum.

SESLERİN "GÖRÜLÜŞÜ" [VİZYONU]

— *Vahiy, tek bir Tanrı'nın seslenişi... Kitabı Mukaddes'i okurken, insanda bu Vahiy'in hiç de öyle kolayca, sorunsuzca alınmadığı izlenimi uyanıyor.*

— Kitabı Mukaddes gerçekten de tek bir Tanrı'nın insana seslenişinden söz eder. İbrahim, İshak, Yakub ve sonra da Musa'nın bunu aldıkları devirlerde, Vahiy, yürürlükteki birçok inanç, fikir ve uygulamalara, hatta jestlere ters düşen devrimci bir "icat" olarak ortaya çıkar. Bu Tanrı hakkında birtakım şeyler söylenebilir: Yanan ama kül olmayan bir çalı aracılığıyla Musa'ya nasıl kendini "bildirdiği"; Sina dağında toplu olarak İbranilere nasıl kendini gösterdiği; çölde Vaat Edilmiş Topraklar'a doğru giderken İbranilere; sonra krallar zamanında, art arda gelen iki sürgün esnasında ve sürgünden sonra İsrailoğullarına nasıl davrandığı... gibi. Bunlara bakılarak, söz konusu vahyin bir günde inmediği, kavmin sınanmaya sokulduğu, bazen ürküp geri çekildiği ve imanına sahip çıkamadığı, tekrar putlara döndüğü anlaşılır. Bu anlamda, gerçekten de "tektanrıcılığın", biricik Tanrı inancının, eski İbraniler tarafından, hiç de öyle tereyağından kıl çeker gibi kolayca elde edilmediği söylenebilir.

Fakat, –bu, birçoklarının bilmediği ya da anlayamadığı bir noktadır– Yahudilik "Tanrı" dan çok, ondan bahseden *metin*'le ilgilenir. Talmud üstatları için –dolayısıyla bizler, bugünün Yahudileri için de– Kitap'ın vahyi her şeyden önce bir *metnin*, bir söylemin, Yahudilerin nasıl yaşanacağını keşfetmelerini sağlayan Tevrat'ın, "indirilmesi"dir. Kitap'ın Tanrısı insanlar için bir tanrıdır. Talmud tefsircileri için Vahiy, önce insanları ilgilendiren yasaları, değerleri ve davranışları, daha bilimsel bir terimle "etiği", yani doğru ve mutlu yaşamak için ne yapmak gerektiğini ortaya koyar. Tanrı kendisi için değil insanlar için kendini "ayan kılmıştır". Bu nedenle, "tek Tanrı" sorunu Yahudileri, birçoklarının zannettiği kadar ilgilendirmez. Tanrı şu anlamda biriciktir: Onlar için başka tanrı yoktur, o kadar!.. İşte "tektanrıcılık" denen şeyin anlamı!..

— *Tanrı'nın "vahyinden" bahsediyorsunuz. Bu sözcük tam olarak ne anlama geliyor?*
— En basit yanıt şu olabilir: Tanrı bizimle konuşur, vahiy de bizim için bize yönelik bir Tanrı sözüdür. Bu söz, Tanrı'nın kendisinden söz etmez; *kim* olduğunu söylemez. Buna karşılık, insanlara *dediklerini* ve insanlarla *yaptıklarını* söyler. Örneğin, İbrahim'e, yurdunu terk edip, göstereceği ülkeye gitmesini buyurur (Tekvin, 12). Başka deyişle, ilk vahiy bir kökten koparma sözüdür, insanı dışarı çıkarma sözüdür...
— *Sina dağında Tanrı artık İbrahim gibi tek bir kişiye değil, toplanmış bütün kavme kendini bildirir (Huruç, 19); bu "kolektif" vahiy herhangi bir şeyi değiştirir mi?*
— Evet, aradaki fark temel önemdedir. Tanrı İbrahim'e seslenerek ona bir buyruk veriyor; burada gerçekten bireyden bireye bir konuşma söz konusudur. Tanrı'yla halkın istisnai karşılaşmasını anlatan Huruç metninde ise, Tanrı'nın bir sesten ibaret olduğu görülür; Musa aracılığıyla dağın doruğundan halka hitap eden bir ses... Zaten öykü burada biraz şaşırtıcıdır da, zira "seslerin görülüşü" [*vision*] ifadesini kullanır: "Ve bütün kavim sesleri gördü". Yorumculara göre, Levhalara kazınan ve Sina dağında Musa'ya bildirilen metnin "görülmesi" söz konusudur. Tanrı'nın kendisi geri planda kalır, görülemez. Bir seste, kendi sözünde görüntü ve biçim kazanır, hatta ete-kemiğe bürünür; bu söz sonra, gözle görülecek şekilde, taş tabletlere, Yasa Levhaları'na kazınır. Böylece görülüyor ki, Sina'da "inen" vahiy, bir *metin*'dir. Bizim için, Kitap'ın getirdiği devrim işte budur. Yahudilerin Tanrı'yla birincil ve temel ilişkisi bir metinle, bütün boyutlarıyla anlaşılması gereken Tevrat metniyle, kurulan ilişkidir. Yahudi gizemciliği bunu dile getirmek için çarpıcı bir formül kullanır: "Kutlu (Tanrı) –kutu artsın!– ile Tevratı bir ve aynı şeydir."

TANRI BİR METİNDİR!

— *Ne de olsa, "bir metnin vahyi"nden söz etmek biraz tuhaf kaçıyor. İnsanın aklına, Talmudcuların –ve genel olarak Yahudilerin– Tanrısının bir metinden ibaret olduğu geliyor.*

— Onlar da zaten öyle diyorlar! Sanki Sonsuz Olan'ın –Tanrı'nın– sonlu olan bu dünyaya geçerken, kendisinin de sonlu, sınırlı bir şey, bir metin, bir kitap olması gibi bir durum var burada. Fakat Tanrı'nın böyle sınırlanması sorun yaratıyor. Talmudcular bu yolla giderek sonlu bir Tanrı'yla, bu dünyanın nesnesi bir Tanrı'yla, yani bir putla karşı karşıya kalma tehlikesini pekâlâ görmüşlerdir.

— *Bir metne tapmak mı demek istiyorsunuz?*

— Tastamam öyle! Bu dünyaya ait bir şeyi tanrısallaştırmak, ona Tanrı'ymış gibi saygı göstermek; ona tapmak, yani putataparlık demektir. Dolayısıyla, eğer bu şey Tevrat ise, Kitap'a ve Yasa'ya tapmak söz konusu olacaktır. Bu nedenle, söz konusu metni bir bakıma sonsuzlaştırmak, ona sonsuz bir anlam vermek gerekiyordu. Talmudcular işte bunu başardılar. Talmud'da, metnin içerdiği varsayılan BİRİCİK anlamı gittikçe daha iyi anlamak söz konusu değildir, zira o zaman bu, bir bakıma Tanrı'yı kendi hesabına "ele geçirmek", Sonsuz'u [o anlama] hapsetmek demek olurdu. Hayır, metni o şekilde yorumlamak lazımdır ki, içerdiği –ve biricik olan– söz, mümkün olan bütün anlamlarıyla anlaşılabilsin. Talmud'un tanımı işte tam bu çoğullukta, yorumların çoğulluğundan kaynaklanan bu çoğul sözde ifadesini bulur. Bir metin hakkında bir şey söylenebilir, ama başka bir şey de... ve daha başka bir şey de... Tefsir/yorum bir yerde durmaz. Yorumun üstüne de bir yorum yapılabilir ve bu böyle sonsuza dek gider. Talmud, Tevrat'ın TEK anlamını söylemez, aksine onu durmadan yeni anlamlara açar.

— *Bu yorumlama biçimine somut bir örnek verebilir misiniz?*

— Bunu anlamak için, bugün bile bir "okuma/yorum evi"nde (*Beth Hamidraş*) ne yapıldığına bakmak yeter.

Kargaşa, gürültü, heyecanlı el-kol hareketleri, hiç durmayan geliş-gidişler... İlk bakışta işte bunları algılarsınız. Manastır sükûnetinin tam tersidir bu, zira burada kural sessizlik değildir. Çoğun doğru dürüst sıraya bile dizilmemiş masalarda, kitaplar, rulolar karmakarışık yığılmıştır: Tevrat kitapları, Talmud bölümleri, Maimonides'in [Musa ibni Meymûn] çok önemli bir ortaçağ Yahudi filozofu ve tefsircisi eserleri, *Şulhan Arukh* (Yahudi Yasaları derlemesi), üst üste konmuş başka kitaplar...

Öğrenciler, genellikle karşı karşıya, ayakta, oturmuş, bir dizleri bir sandalyede, metinlerin üzerine eğilmişlerdir. Yüksek sesle okurlar, önden arkaya ve soldan sağa sallanıp dururlar. Okumalarını jestlerle noktalarlar, çılgınca kitaplara veya masaya vururlar, salonun bütün duvarlarını çepeçevre kaplayan zengin kitaplığın raflarından alıp, işleri bitince çabucak yerine koydukları yorum kitaplarını hummalı bir telaşla karıştırırlar. Tefsirde, inceledikleri metnin anlamı konusunda –bereket versin!– nadiren fikir birliğine varırlar ve gidip üstada danışırlar. Hoca açıklama yapar, iki tarafın savları üzerine tutum alır, başvuranların aralarındaki "anlam kavgasını" bir süre yatıştırır. Daha ötede, bir öğrencinin, başını, bir Talmud metni üzerinde çaprazladığı kollarına dayayarak uyuyakaldığı da ender görülen şeylerden değildir. Onun yanında başka biri, derin düşüncelere dalmış ve konusuna yoğunlaşmış durumda, kahve içerek sigarasını tüttürür. Bu kaynaşma süreklidir. Gece gündüz "okuma"nın, incelemenin kesintisiz uğultusu duyulur.

Talmud metinleri de, hocaların kendi aralarında ya da öğrencileriyle yaptıkları bu bitmez tükenmez tartışma ve yorumlarla, aynı düzensizlik ve karmaşa görünüşünü yansıtırlar.

"KAHKAHAYLA" OKUMAK

— *Bu "düzensizliği", bu sürekli olarak yeniden sorgulamayı, tek Tanrı fikriyle nasıl bağdaştırıyorsunuz?*

— Bu tutum bana, Yahudi düşüncesini ve Yahudilerin tek Tanrı'yla ilişkisini açıklar gibi görünüyor; onların putataparlığı, yani biricik Tanrı'ya verilen anlamı son biçimiyle ve değişmemek üzere saptayan her şeyi, reddedişini dile getiriyor. Buradan ayrıca yazılı yasanın nasıl sözlü yasaya, yani tefsir yasasına bağlı olduğunu da görüyoruz. Müslüman geleneği, Yahudilerden (ve Hıristiyanlardan) "ehl-i Kitap" [Kitaplılar] olarak söz etmiştir. Fakat bu deyim gayet haklı olarak tartışılmıştır. Büyük çağdaş Yahudi düşünürü Armand Abécassis'in bir deyişine göre, Yahudi kavmi "Kitap ehli" değil, "Kitap'ın tefsirinin ehli"dir. "Okuma", Yahudinin temel etkinliğidir. Okumaya ve tefsire bu adanmışlık, bilim terimleriyle söylersek, bu "hermenötik" içsel çağrı, Tanrı uğruna, hatta Tanrı'dan ya da Tanrı'nın canlı kalmasından sorumlu olmanın bir yoludur.

— *Yani, bir bakıma, Tanrı insanların onu yorumlayışlarına bağlı oluyor, öyle mi?..*

— Evet. Ancak insanlar onu yorum yoluyla, belli bir halde donup kalmış bir put olmaktan çıkarıp yaşayan bir Varlık yapabilirlerse, Tanrı sonsuz bir varlık olarak var olabilir. Talmud'da çok önemli şöyle bir söz vardır: "Ötekilerin ve berikilerin sözleri, yaşayan Tanrı'nın sözleri." Başka deyişle, "ötekiler ve berikiler" –çeşitli insanlar– de söz söylüyorlarsa, o zaman Tanrı'nın sözleri, *yaşayan* bir Tanrı'nın sözleri olur. Bunun aksine, biricik söze takılınıp kalınırsa, "Tanrı'nın şu olduğunu düşünüyoruz, Tanrı'nın bu olduğunu düşünüyoruz" demeye denk bir tuzağa düşülmüş olur; o zaman da bir Tanrı ideolojisi, Tanrı hakkında düşünülüp söylenecek TEK hakikati içerdiğini iddia eden bir Tanrı ilahiyatı yaratılmış olur. Bu durumda, düpedüz Tanrı'nın ölümü sonucuna varılmış olur. O'nu biricik ve dokunulmaz bir anlayışın içine hapsetmek, O'nu öldürmek ya da ölmeye bırakmak olur. Talmud'un –Yahudi sözlü yasasının– kendine belirlediği amaç, Tanrı'ya sonsuzluk statüsünü geri vermek veya korumak üzere, Kitap'ta vahyedilen biricik sözün kabuğunu kırarak onu parçalayıp dağıtmaktır.

— *İyi ama, Tevrat'ın anlamının böyle "patlatılıp" geniş-letilmesine ya da çoğaltılmasına karşın yine de, bir tek Tanrı'nın mı yoksa birçok tanrının mı mevcut olduğu, bir Yahudi için, umursanmayacak bir konu olmasa gerek, değil mi?*

— Bilgin olsun olmasın bir Yahudi için Tanrı'nın biricikliği tartışılacak bir sorun değildir. "Tanrı birdir." İşte her Yahudinin baş "kelime-i şehadeti"!.. Asıl önemli olan, "biricik Tanrı" ile "birçok tanrı" arasındaki karşıtlık değil, Tanrı ile –uyanık durulmazsa– put haline gelebilen Tanrı arasındaki karşıtlıktır. Bu yüzden, Tevrat'ın Yahudilerce okunması üzerinde bu kadar duruyorum, ki bu okuyuşa göre, hatırlatayım, Kitap'ın harflerinde ve kelimelerinde yazıya geçmiş olan, Tanrı'nın kendisidir. Talmud, Kitap'ın *belli bir* yorumu değil, Kitap'ın Yahudice yorumlarının *harman yeridir*. Bir Talmud tefsircisi Kitap'ın şu ya da bu ayeti veya sözcüğü üstüne bir yorum önerir önermez, hemen bir başkası çıkıp onunkine ters bir "söz" söyleyecek, derken bir üçüncüsü de her ikisinden farklı bir anlam ileri sürecektir. Ortada kesin ve değişmez bir hakikat yoktur, sadece birbirlerini çürüten, düzelten, tamamlayan farklı anlamlar vardır. Gerçek anlam da işte bu birden çok anlam arasındaki gerilimdir; bu alanda hiçbir zaman kesinleşmiş hiçbir şey olamayacağına dair derin inançtır.

— *Yani, ister Tanrı söz konusu olsun ister Tevrat, kesin ve değişmez hakikat yok, "dogma" yok, katı tanımlar yok... Öyle mi?*

— Evet, öyle. Bütün bu terimler kapalılığa, yerinden kımıldatılamaz bir şeye gönderme yapıyor. Tefsir ve yorumun ne olması gerektiğini en iyi anlatan bir sözcük aramaya kalksak, bulacağımız "açıklık, açılım", metnin ve sözcüklerin "kırılması" olurdu. Kendi ifademle ben bunu, "çatır çatır konuşmak" deyimindeki gibi, "çatır çatır okumak" şeklinde söylüyorum.* Hakikatin "çatır çatır çatlatılması" gerektiğini belirtmek için bir sözcük oyunu. Söz konusu olan, ilahiyat ve

---

* Fransızca deyimler: *Rire aux éclats* (kahkahayla gülmek), *lire aux éclats* ("kahkahayla" okumak). Tam çevirisi imkânsız bir sözcük oyunu. – ç.n.

felsefe tarafından bir sisteme hapsedilmiş olan Tanrı adlı putu öldürerek, canlı ve sonsuz gerçek Tanrı'yı yaşatmaktır. Bu anlamda Talmud tamamen putkırıcıdır: Her çeşit yerleşik –ve donuk– Tanrı imgesini "öldürür"

METNİ OKŞAMAK

— *Böylelikle metni zorlamış, çarpıtmış olmuyor musunuz? Ne de olsa Tevrat şöyle şöyle diyor da, örneğin, böyle böyle demiyor...*
— Hayır, metni zorlamış olmuyoruz. Metin, binlerce ve binlerce farklı anlam bulsak bile, yine hep elimizden sıyrılıp kaçıyor. Zenginliği tükenir gibi değil. Aslına bakılırsa, biz sadece onu *okşuyoruz*.
— *Metni okşamak mı?*
— Evet; bu bir benzetme, ama açıklayıcı. Metne dokunuyoruz, örtüsünü kaldırıyoruz, ama aynı zamanda o kendini bize bütünüyle vermiyor, çekiniyor, gizemini koruyor ve hep bir bilmece olarak kalıyor.
— *Dolayısıyla, metinle bir tür erotik ilişki söz konusu, öyle mi?*
— Tastamam öyle. Zaten ben Tanrı'nın da erotik olduğunu düşünüyorum!
— *Böyle konuşmak bir tür gereksiz provokasyon olmuyor mu?*
— Hiç de öyle değil. Kitabı Mukaddes'teki Neşideler Neşidesi'nden tutun da Kabala'ya, Talmud'dan Midraş'a kadar, bu, Yahudilikte hep var olan bir temadır. Tevrat'ta da *erotik* bir yapı bulunduğundan söz edilebilir. Talmud'da, (*Yoma* makalesinde) demek istediğimi pek iyi anlatan bir öykü vardır. Rav Yehuda sorar: "Kippur [Kefaret] günü Kudüs Tapınağı'nda, en kutsal makamda, başrahip ne görür?" Beklenen yanıt, "melekler, ve onların kanat hışırtıları"dır. Ama hayır: "Sanki bir örtünün altından seçilen iki kadın memesi, görünürle görünmez arası..."

Ortaçağın büyük Yahudi tefsircisi Raşi, söz konusu göğüslerin "bir gömleğin altından" görüldüğünü belirtir. Yani çıplak göğüsler değil, bir giysinin örttüğü, ama yine de seçilebilen göğüsler söz konusudur. Demek ki önemli olan, göğüslerin biçimi değil, her şeyden önce onların bir örtüyle gizlenmiş olmasıdır. Raşi burada bir ayıbı tevil ederek vaziyeti kurtarmaya mı çalışıyor? Ola ki değil, zira örtü altındaki göğüsler örtüsüz göğüslerinkinden daha çıplak bir çıplaklık sunarlar bakışlara... Çıplaklıktan daha çıplak bir çıplaklık, giyinik, "örtü altında", bir çıplaklıktır. Erotizm işte bu, saklananla gösterilenin aynı anda mevcut olmasında yatar. Bu sürekli olarak yaşadığımız bir deneyimdir. Roland Barthes'ın dediği gibi, "en erotik yer, giysinin esnediği yer değil midir?"

EROTİK BİR TANRI

— *İyi de, bunun Tanrı'yla ilgisi ne?*
— Efendim, dediğimiz anlamda Tanrı da erotiktir! O da kendini, görünür/görünmezlik, çift anlamlılık içinde, adeta yanıp söner veya göz kırpar biçimde gösterir. Kendini bize "ayan kılar", ama bilmeceliğini de korur. Onu keşfeder/örtüsünü açarız, ama aynı zamanda kendisini geri de çeker. Az önce bahsettiğim okşama olayı, bu tanrısal bilmece karşısındaki insanın tutumuna denk düşer. Tanrı'nın "tutulamadığı" ve tutulamamasının, ele geçmemesinin ve hapsedilememesinin gerektiği anlamına gelir. Bir karşılaşma, bir sevecenlik, güçlü bir ilişki deneyimidir bu, ama hiçbir zaman kesin ve sonul olarak verilmiş bir şey değildir. Metin söz konusu olduğunda, bu bir incelemedir, sonunda ne bulunacağı, hatta arananın ne olduğu bile önceden bilinmeyen bir araştırmadır. Sonsuzluğa açılımdır.

— *Sizi dinlerken insan şöyle bir izlenime kapılıyor: Tanrı "öte-âlemde" değil, insana göre "aşkın" da değil. Ve eğer sonsuzsa bile, tefsircilerinin Tevrat'ta ve Talmud'da O'na buldukları sonsuz sayıda anlam aracılığıyla sonsuz oluyor...*
— Hayır. Tanrı her zaman hem öte-âlemde hem bu dün-

yada, hem aşkın hem içkin, hem insan için hazır hem de sonsuzluğuna çekilmiştir. Benim sözlerim bir müminin hissettiğini değil, Yahudiliğin nasıl bir metnin çevresinde kurulduğunu, ama bir yandan da bu metne tapmayı, "metnetaparlığı" reddettiğini ifade etmeyi amaçlıyor.

Tevrat'ın "tetebbuu", putataparlığa karşı bir savaştır. İnsan, "Tanrı vardır" veya "Tanrı yoktur" demez. Bu iki ifade de, dogmatik oldukları kadar putatapıcıdırlar. Aynı şekilde, "metin diyor ki..." ya da "metin böyle demiyor" şeklindeki ifadeler de putatapıcı bir anlam taşırlar. Metnin, yakalanamaz, kavranamaz kalması, bir put-metin haline gelmemesi gerekir. Kabalacılar, metinle (*Tevrat*'la) Tanrı'nın bir ve aynı şey olduğunu söylerler. İnsan, metni ele geçirmeyi reddederek, aslında Tanrı'yı "ele geçirmeyi" reddetmiş olur. Zaten ben de bu yüzden size Tanrı'dan, "kendisi olarak neyse öyle" [ne olduğu kesin olarak belirlenmiş] bir Tanrı olarak söz etmiyorum, edemem de...

Kabala Tanrı'nın, Sonsuzluğun, bizim sonlu dünyamıza, yani kendisinden başka bir şeye yer açmak için, kendi içinde "sıkıştığını" söyler. Bir ananın çocuğuna yer açması gibi yer açmıştır bize. Buna dayanarak, "ana rahmi Tanrı"dan bahsedilebilmiştir. Buradan şu soru çıkıyor: Tanrı'dan başka bir şey olan bu açılmış yerde, bu boşlukta, Tanrı nerede yer alıyor? "Tanrı'nın huzurunda" yaşamak isteyen mümine kendini nasıl gösteriyor? Şöyle bir yanıt verilebilir buna: Bir ananın çocuğunu sarması gibi, bizi her yandan sararak, kuşatarak. Ya da, Kabala'nın yaptığı gibi: En mükemmel haliyle Tevrat'ın metninde, sözcüklerde ve harflerde, örtülü ve gizli bir biçimde, hazır bulunarak...

GİZLİ ANLAM

— *Kabala'dan söz ettiniz. Bu nedir?*

— Bu sözcük, "kabul edilmiş", kuşaktan kuşağa aktarılan gelenek anlamlarına gelen İbranice *qabala* teriminden gelir. Bugün bu terim, genel olarak, Yahudi geleneğinin gizli, gizemli, "bâtıni" [*ésotérique*] boyutunu gösterir. Kabalacılar, Tevrat'ın cümle ve ayetlerinin açık anlamlarıyla ilgilenmezler. Daha doğrusu, açıkça anlaşılan metnin altında, ona koşut olarak, gizli bir metnin de yürüdüğünü düşünürler. Kabala geleneği birçok metni kapsar; bunların en ünlüsü, XIII. yüzyılda yazıya geçirilmiş olan *Zohar* ya da *Görkemler Kitabı*'dır. Bu, Musa'nın beş kitabının, her şeyden önce metnin gizli anlamı göz önünde tutularak yapılmış bir tefsiridir.

— *Kabalacılar bu gizli anlamı nasıl açığa çıkarıyorlar?*

— İlke olarak basittir bu, ama uygulanması yüksek bir manevi düzeyle büyük bir zihinsel çeviklik ve ince zekâ gerektirir. Sözcüklerin anlamı değil, harflerin, sözcükteki tek tek her harfin mantığı önemlidir. Kabala'nın bir özelliği de, sözcüklerdeki harflerle olduğu kadar sayılarla, rakamlarla da çalışmasıdır, çünkü her harfe tekabül eden bir sayı vardır. Buradan yola çıkılarak, her sözcüğün sayısal değeri hesaplanabilir. *Gematria* adı verilen bu işlem tarzı, gayet net ve kesin kurallara göre işler. Örneğin, alfabenin ilk dokuz harfi, 1'den 9'a kadarki sayılara denk düşer; sonraki dokuz harf onluklara (10, 20, 30,... 90'a kadar) karşılıktır. Son dört harf ise, 100, 200, 300 ve 400'ü gösterir.

— *Bu yöntemi bir örnekle açıklayabilir misiniz?*

— Elbette. Örneğin, "ana" kelimesi *em* diye yazılır, yani 1+40 = 41. "Baba", *av* diye yazılır, yani 1+2 = 3. "Çocuk", İbranice *yehed*, 10+30+4 = 44 sayısını verir, yani ana ile babanın toplamı! Bir başka örnek: *Adam*, "insan" kelimesini oluşturan harflerin sayısal değerlerini toplarsak, 45 (30+5+10) buluruz. İmdi, bu sayı İbranice *ma*, "ne?" kelimesinin iki harfinin toplamına (40+5) eşittir! Dolayısıyla, iki kelime arasında ilişki kurulursa, insanın özde bir soru, "ne?" olduğu sonucu çıkarılabilir. Hatta ben, buradan yola çıkarak, insanın belirlenmiş bir özü, bir tanımı olmadığı; bir tanımı varsa bunun tanımlanamamak olduğu fikrini ifade etmek üzere, Fransız diline *"quoibilité"* ["ne-olabilirlik"] diye yeni bir terim kazandırmakta bile sakınca görmedim.

Buna göre, "İnsanın Tanrısı" ya da "İnsan için Tanrı" nasıl diyeceğim? Hatırlayalım ki Kabala'nın görüşüne göre Tanrı sıkışmak suretiyle insana kendi içinde bir yer açmıştı, tıpkı bir ananın çocuğu için yaptığı gibi.. "Ana" kelimesinin sayısal değerini, içinde taşıdığı "insan"ın sayısal değerine eklediğimizde, Tanrı'nın adı *Elohim*'in sayısına, yani 86'ya ulaşırız. Bu adın İbranice ilk ve son harfleri "ana"nın, çocuğu taşıyanın, harfleridir (*e, m*). Kalan harfler toplam olarak 45'i, yani "insan"ı verir. Demek ki *Elohim* terimi Tanrı'nın sıradan herhangi bir adı değildir. Gayet açık biçimde, Tanrı'nın insana, var olabilmesi için, bir yer açtığı; Tanrı'nın bir "analık", "rahimlik" boyutu da olduğu anlamına gelir. Öte yandan, insanın da aslında bir "ne?", bir soru, olduğunu akla getirirsek, diyebiliriz ki, Tanrı bu soru-insanı, kendi üstüne ve Tanrı üstüne bir sorudan ibaret olan insanı, sinesinde taşır.

RAKAMLAR VE HARFLER HAKKINDA

— *Tanrı'nın en tipik ve tartışılmaz adı yine de* YHVH, *o ünlü "tetragram", yani Tanrı'nın Yanan Çalı'da Musa'ya kendini açıklamakta kullandığı dört harf (dört ünsüz) değil mi? Yahudiler neden bu adı söylemekten kaçınırlar?*

— Gerçekten de, bu dört harfli ad, "tetragram" –YHVH– asla telaffuz edilmez. Bu, sadece ünsüzlerden oluşan, söylenemez bir kelimedir. Söyleyebilmek için ünlülerini de koymak gerekir. Fakat insan bunu yapmaya kalkarsa, ilahi adın içeriğini sınırlamış, adeta olasılıklar listesini kapatmış, dolayısıyla tanrısal olana kendi vermek istediği [beşeri] bir adı vererek onun üzerinde bir iktidara sahip olmuş gibi olur

Örnek olarak, ZKR gibi üç ünsüzü ele alalım. Eklenecek ünlülere göre, "hatırla", "eril, erkek", "bellek" sözcüklerini elde ederiz. Demek ki aynı sözcük birkaç şekilde okunabilir. Ama ünsüzlerden oluşan bu köke ünlü eklemek suretiyle belirli bir anlam verdiğim her durumda, onun anlamlarını sınırlamış olurum. Anlamların sayısı sonsuzken, ben onları bire veya birkaça indirmiş olurum. İşte bu yüzden, Tanrı'nın bu dört harften –YHVH– oluşan adının hiçbir zaman söylenmemesi, sadece seyredilmesi gerekir. Onları telaffuz etmek Tanrı'yı sınırlamak ve "Tanrı'nın adını durup dururken ağzına almayacaksın!" buyruğunu çiğnemek, aynı zamanda putataparlığa düşmek, Tanrı'nın adından sesli bir put yaratmak olur. Tanrı'dan bahsederken, Yahudiler sadece "Ad" derler: "Ad kutlu olsun!" Dolayısıyla, Kabalacılar Tanrı'nın adının gücü üzerinde, hem harfleri çeşitli biçimlerde birleştirerek hem de sayısal değerleri üzerinde sınırsızca oynayarak çalışırlar.

— *Rakamlar ve harfler... İnsana oyunmuş gibi geliyor.*
— Gayet ciddi bir oyun. Başlangıçta oyunumsu bir şeyler olduğu doğrudur. Hatta benim ara sıra –yine kendimden alıntı yapmamı bağışlayın!– "tamludik"* oyunlardan bahsettiğim bile olmuştur... Kabalacı neden mi rakamlarla ve harflerle böyle uğraşıyor? Tek tek sonuçların ötesinde, onun hedefi de Talmudcularınkiyle aynıdır.

Eğer Tanrı en özlü kendiliğiyle Tevrat'ın metninde kendini gösteriyorsa, böylelikle sonsuzluktan sonluluğa geçmiş oluyorsa, tersine bir işlemle, metnin sözcüklerini ve harflerini sınırsızca kırarak, onu yeniden sonsuz kılmak gerekir. Tanrı metinde "bedenselleşti" diyoruz. Kabala bu yolla, insanların, Tanrı'nın sonsuzluğundan sorumlu olduklarını ima etmiş oluyor. İnsanlar Tanrı'dan sorumludur. "Üstündekini tanı!" buyruğu hakkında, Volojinli Rabbi Hayim şu açıklamayı yapıyordu: "Üstündeki (yani tanrısal olan), senin kendinden gelir", sen ondan sorumlusun!

ÇOĞUL TANRI

— *Öte yandan, Tanrı'nın az önce söylediğiniz adı, şu Elohim, İbranicede çoğul bir ad. Bu, İbranilerin, Tanrılarının ne*

---

* *Talmudique* (Talmud'a ilişkin) ile bunun bozulmuşu *tamludique* sözcükleri söz konusu. İkinci terimi uydurmanın nedeni, sonundaki *–ludique* takısını elde etmek: *Ludique* = oyunsu, oyunluk, oyuna ilişkin. – ç.n.

olduğu konusunda biraz ikircimde kaldıklarının belirtisi olamaz mı?

— Bu çoğul şekilde rahatsız edici hiçbir şey yoktur. Az önce söylediğimize göre, Elohim, hem "ana"yı hem de "insan"ı içinde taşır. Bu yorumdan ayrı olarak, bu çoğul şeklin, Tanrı'nın doğa güçlerinde kendisini çoğul olarak göstermesini ifade ettiğini de söyleyebiliriz. Bu da Kabala kaynaklı bir başka yorumdur: Gerçekten de, "doğa" sözcüğünün sayısal değeri 86'dır, yani Elohim'le aynı! Anlam veren ya da anlamı çatlatıp çoğaltan, iki sayısal değerin yaklaştırılıp karşılaştırılmasıdır. Bir başka tipik örnek: Birçok kez, Tanrı'nın Kitap olduğunu söyledim. "Kitap" sözcüğünün sayısal değeri 340'tır; rastlantı bu ya, "Ad, İsim" diye seslenilen Tanrı'nın sayısal değeri de 340 değil mi?.. Yaklaştırmayı kendiniz yapın...

— *Hepsi iyi de, "uymadığı" zaman ne yapıyorlar?*

— Dürüst Kabalacı bütün yeteneklerini ortaya koymak zorundadır. Paradoks ya da çelişki ortaya çıkıyorsa, iki karşıt anlamdan kaynaklanan dinamik gerilimi sürdürecektir. Her halükârda, ortaya çıkabilecek çelişkileri gizlememelidir. Bu rakam ve harf oyunu özellikle XVI. yüzyılda İshak Luria tarafından geliştirilmiştir ("Luria Kabalası" deyimi yaygın olarak kullanılır); fakat, daha düşük bir düzeyde olmakla birlikte, XIII. yüzyılda Zohar'da, ya da yine XIII. yüzyılda, bir İspanyol olan Rabbi Abraham Abulafia'da da vardı. XV. yüzyılda, Floransa'da, Pico della Mirandola aynı ilkeyi kullanarak bir Hıristiyan Kabalası yarattı. Yahudilerin, Kabala'nın bu [sayısal] yönünü –zira başka yönleri de vardır– Pythagoras'çılardan almış olmaları mümkündür, çünkü *gematria* teriminin, "geometri" veya "arazi ölçümü" anlamına gelen Yunanca *geometria*'dan geldiği açıktır. Bilinir ki, Pythagoras okulu sayılarla ve geometriyle pek ilgiliydi; ama batıni bilgilerle de uğraşırdı.

— *Durmadan "harfler"den bahsediyorsunuz. Size göre her birinin bir anlamı mı var?*

— Yahudi Kabalasına göre, başlangıçta sonsuz olan, dolayısıyla Kendisinden başka hiçbir şeye yer bırakmayan Tanrı, bir anlamda Kendiliğinden, Kendi içinde sıkışarak, Kendisinden başka bir şeye yer açmıştır. Bu sıkışma eylemine *Tsimtsum* denir. Kabala'ya göre, Tanrı kendisini Tevrat'ın 300 000 küsur harfine kaydetmiş, kapatmıştır. Bu harflerin her biri ilahi varlıktan çıkmış bir kıvılcımdır. Bu metni okuyup yorumlamak, tek tek her harfi alıp "açarak" içindeki ilahi kıvılcımı serbest bırakmaktır. "Harfiyen", sonsuza sonsuzluk statüsünü geri vermektir. Hıristiyanlıkta, Tanrı kendini insan kılmıştır. Bizde ise, metin kılmıştır. Gerek Yahudilik gerek Hıristiyanlık, sonsuz olan Tanrı'nın, kendini bildirmek için sıkıştığını, filozofların dediği gibi "sonlulaştığını" düşünürler. Hıristiyanlık inancının temeli İncillerin metni değil Mesih'tir, İncillerin sözünü ettiği Mesih'in kişiliğidir, ve zaten bu kitaplar da onun ölümünden hayli sonra yazılmışlardır. Yahudilikte ise bunun aksine, Tanrı Sina'da kendini bildirdiği zaman, bunu bir bedene bürünerek yapmamış, bir metin "indirerek" yapmıştır. Kendini bu metin içinde ve yoluyla bildirir, Kendisi bu metin"dir".

Bizim için, başlangıçta Kitap vardı!..

— *Ama bunların harflerle ne alakası var?*

— İbrani alfabesi sadece ünsüzleri kapsar. Dolayısıyla, yazılı sözcükler de sadece ünsüzlerden oluşur, ünlüleri bunların üstüne okurun koyması gerekir. Metni okurken, kendi ünlülerimi koymakla, "icat çıkarmış" olurum. Demek ki benim "kıraatim" aslında bir yaratmadır, bir yorumdur. Okuyucu olmak, daha çocukluktan itibaren, Yahudi olmanın bir şekli veya tarzıdır (zaten Yahudiler arasında okuma bilmeyenin bulunmaması da buradan kaynaklanır). Denebilir ki, nerdeyse fetişist ama putataparca olmayan bir metne bağlılık söz konusudur. Tevrat –Kitap– sinagogda sıraları dolaşırken, müminler sık sık derin bir saygıyla onu öperler.

Fakat, Tanrı kendini nasıl metin haline getirir? Maddesel harflerdeki sihir yoluyla mı? Kabalacılar bu soruya olumlu yanıt vermişlerdir. Hatta daha da ileri giderler: Dünya da harflerle yaratılmıştır. Harflerin çeşitli birleşimlerinden yola çıkılarak, dünya, nesneler yaratılabilir. Harfler tanrısal bir güce sahip olmakla kalmazlar, Tanrı'nın bir parçasıdırlar da; Tanrı onlarda "sıkışmıştır", onlar Tanrı"*dırlar*". Kabalacılar için Tevrat'ın bütünü, ilk harfinden son harfine kadar, Tanrı'nın büyük bir adından ibarettir.

TEK DÜŞÜNCEYE KARŞI

— *Sizi dinlerken insanın aklına, Talmud'un tefsirleri veya Kabala'nın yorumları sanki Kitap'ın metninden daha önemliymiş gibi bir düşünce gelebilir...*
— Size Talmud'dan, Huruç kitabının 20. bölümünü, Yasa Levhaları'nın –On Emir ya da On Söz'ün yazılı olduğu taş levhaların– "indirilişini" anlatan bölümü ilgilendiren oldukça şaşırtıcı bir pasajla yanıt vereyim. İlginç bir nokta, bu buyruklar iki Levha'ya kazınmıştır. Birçok yorumcuların yaptığı gibi, bunların tek bir Levha üzerine yazılıp 1'den 10'a kadar numaralandığı akla gelebilirdi. Ama iki Levha var. Neden? Yorumcular, insanın Tanrı'yla ilişkilerini konu alan kimi buyruklarla, insanın öteki insanlarla ilişkilerini konu alan kimi buyrukları koşut olarak ya da karşı karşıya göstermek istediği yanıtını veriyorlar. Böylece, örneğin, "Ben seni Mısır ellerinden çıkaran senin Rabbin [Sonsuz] Tanrı'yım" sözünün yer aldığı birinci buyruğun karşısında, altıncı sıradaki "Öldürmeyeceksin" buyruğu bulunacaktır. Peki, ikisinin arasında ne ilişki var? Klasik anlamla yetinmeli miyiz: Komşunun sureti Tanrı'nın suretidir, öyleyse ona saygı göster?.. Hayır; önemli olan nokta, –sadece Mısır köleleliğinden değil– *bütün* mahpusluklardan kurtarıcı bir Tanrı'yla karşı karşıya olmamızdır...

"Öldürmeyeceksin" buyruğunu somut anlamıyla anlamak da elbette mümkündür. Fakat, "Ben senin Rabbin [Sonsuz] Tanrı'yım..." ile "Öldürmeyeceksin" koşutluk halinde düşünülür ve irdelenirse, istenenin sadece fiziksel olarak öldürmemek değil, aynı zamanda ve özellikle "öteki"nin öznelliğini, öz kişiliğini öldürmemek, onun "Ben'im, Ben varım" diyebilme olanağını elinden almamak olduğu vurgulanmış olur. Başka bir deyişle, "Ben [Sonsuz] Tanrı'yım" deyişinde önemli olan öğe, –"Tanrı" değil– "Ben'im"dir. Demek oluyor ki asıl öldürülmemesi gereken, işte bu "Ben'im"dir: Özgür ve özerk özne, bir bakıma Descartes'ın ünlü "Düşünüyor*um* öyleyse var*ım*"ındaki gibi kendi varlığını belirten özne, egemen ideolojiden değil kendi özgürlüğünden yola çıkarak kendini dile getiren özne... İşin özü her zaman çifttir: Yasa Levhaları ve onların yorumu. Anlam, aralarından çıkar.

— *Bütün söylediklerinizde, yorum yapan insanın özgürlüğü üzerinde ısrarla duruyorsunuz. Uzun sözün kısası, bu durumda önemli olan, insan olmuyor mu? Asıl yetkiyi elinde tutan ve Tanrı'yı nasıl isterse öyle düşünen ve kılan insan?..*

— Talmud'un vurgulamak istediği, vahyin metni karşısında her bireyin kendi görüş ve anlayışına göre tepkide bulunma ve düşündüğünü ifade etme özgürlüğüdür. Ancak vahiy kendini ifade eden bütün özneler tarafından sınırsızca yorumlandığı takdirde, putataparlık düzeyinden uzaklaşır, sonsuzluk düzeyinde kalabiliriz. Put ile Tanrı arasındaki fark: Tek bir düşüncedense yorumlar-arası çelişkiyi yeğleyen Talmudcu Yahudiliğin özü buradadır. Bundan da şu soru çıkar: Yahudiler gerçekten tek Tanrı'ya mı inanırlar? Yanıt, inanılmaz görünse ve elbette yoruma açık olsa da, şöyledir: Bir anlamda hayır!

HERKESİN TANRISI KENDİNE

— *Öyleyse, yorumlayalım bakalım!*
— Yahudi duaları içinde ilginç bir metin vardır; şöyle der: "İbrahim'in Tanrısı, İshak'ın Tanrısı ve Yakub'un Tanrısı..." Tanrı sözcüğünü üç kez tekrarlayacak yerde, neden topluca "İbrahim'in, İshak'ın ve Yakub'un Tanrısı" denmiyor? Alt tarafı hepsi aynı Tanrı değil mi? Hayır efendim! İbrahim'in Tanrı'yı algılayışı İshak'ın ve Yakub'unkiyle aynı değildi. Aynı Tanrı ve aynı değerler söz konusu olsa bile, her bireyin bunları

algılayışları tamamen farklıdır. Bu çoğul Tanrı kavramı bize yaşayan Tanrı'yı verir; bu bir çoktanrıcılık değil, çoğul bir Yahudiliktir; her bireyin tanrısallıkla ilişkisini istediği gibi algılama özgürlüğüdür.

Ünlü Yahudi duasını, *Ş'ma İsrael,* "Dinle İsrail" sözcükleriyle başlayan duayı herkes bilir. Ortaçağın ünlü Yahudi yorumcusu Maimonides bunu şöyle tefsir eder: Kim konuşuyor, ve kime sesleniyor? Kim bu İsrail? İsrail Yakub'dur. Nitekim Yabbok suyunu geçerken (Tekvin, 32) Yakub bir melekle, aslında bir insanla, dövüştü; sonunda adam şöyle dedi: "Bırak beni gideyim". Yakub cevap verdi: "Beni kutsamadıkça gidemezsin." Melek (adam) şöyle cevap verdi: "İşte kutsuyorum. Bundan sonra sen Yakub değil İsrail olacaksın, zira insanlarla ve Tanrı'yla dövüştün ve galip geldin!" Demek ki İsrail "(Tanrı'yı) yenen"dir; başka deyişle, burada edilgenliğin reddi, dünyanın etkin biçimde sorgulanması önerilmektedir her insana.

Ölümünden önce, Yakub/İsrail başucuna toplanan çocuklarından, onlara bıraktığı dini mirası korumalarını ister (Tekvin, 48 ve 49). Peki oğulları ne cevap verir? "Dinle, İsrail, Tanrı bizim (tek) Tanrımızdır, Tanrı birdir." Bunun anlamı: Tanrı bizim Tanrımızdır, seninki değildir; bizim bu sonsuz ve aşkın Tanrı'yı nasıl anladığımıza bağlı kendimize özgü bir yaşam tarzımız vardır. Bu başka bir Tanrı değildir, bizim Tanrımızdır, ama senin kendi Tanrın var bizim de kendi Tanrımız. Bu biricik değil, tek bir Tanrı'dır, çağrısı da herkesi doğru bildiğini yapmaya güdülemektir.

— *Sözün özü, herkesin Tanrısı kendine!..*

— Daha çok şöyle demek lazım: aynı Tanrı, ama herkese ölçüsüne göre... Daniel Sibony'nin tanıtladığı gibi, "Babana ve anana saygı göstereceksin" buyruğunda da aynı fikre tesadüf edilebilir. İbranicede "saygı göster, onurlandır" sözcüğü aynı zamanda "ağır" anlamına da gelir, dolayısıyla cümle "ağır baban ve ağır anan" şeklinde de okunabilir. "Baban ve anan ağır(dır)" anlamındaki böyle bir cümleyle ne denmek istenmiş olabilir? Daniel Sibony'ye göre bunu şöyle anlamak gerekir: "Onların yaşanmış hayatlarına yeterince ağırlık tanı, ki aynı hayatı tekrarlamak zorunda kalmayasın." Onların kendi "tarihleri" [yaşam öyküleri] var, senin de kendi yaşamın. Tarih, "tekerrür" değil, buluş ve yeniliktir.

Bu fikir ritlerde de karşımıza çıkar. Şöyle denilmiştir: "Oğlağı anasının sütünde pişirmeyeceksin" (Tesniye, 14, 21). Neden, "Etle sütü karıştırmayacaksın" denilmemiş? Bu davranış ilkesinin amacı bu değildir de ondan! Hayvanı anasının sütünde "olgunlaştırmamak", ana-babanın kategorileri içine kapanıp kalmamak demektir. Ana-baba *olmuştur*, çocuklar *olmaktadır*, her birinin kendi dünya algılayışı ve hayat tarzı vardır. Aynı şekilde, biricik bir Tanrı yoktur; dünyanın ve hayatın olduğu gibi Tanrı'nın da *çoğul* bir kavranışı vardır.

ÖZGÜRLÜĞÜN DUVARLARI

— *Yerine getirilecek ritlerden söz ettiniz. Bunlara dair buyrukları ve davranış ilkelerini de yorumlayabilir miyiz?*

— Elbette. Size bunu küçük bir Yahudi fıkrasıyla anlatayım.

Olay, geçen [XIX.] yüzyılda Polonya'da geçiyor. Yoksul bir kadıncağızın birinden alacağı varmış. Borçlusu borcuna karşılık kadına bir tavus kuşu vermiş. Hiç böyle kuş görmemiş olan kadın, bu hayvanın *kaşer*, yani Yahudi yasasına göre yenebilir olup olmadığını sormak üzere hahama gitmiş. Haham şöyle cevap vermiş:

— Babam, büyük Rabbi Yankel hep bu hayvanın *kaşer* olmadığını söylerdi.

— Öyleyse ben bu kuşu ne yapayım?

— Benim kümese bırak, ben ilgilenirim. İstediğin zaman gelip alırsın.

Böylece tavus kuşu hahamın kümesine konmuş; kadın düzenli olarak gelip kuşunu ziyaret ediyormuş. Derken bir gün kümesin önüne gelince ne görsün? Kuş yok! Hemen hahama koşmuş:

— Rabbi, rabbi! Benim kuşuma ne oldu?
— Senin kuşun mu? Ne kuşu? Ha, şu tavus kuşu... Ben onu yedim!
— Ne, yedin mi? Ama baban büyük Rabbi Yankel tavus kuşunun *kaşer* olmadığını söylermiş, bana öyle demiştin!
— Doğru, ama tavus kuşları hakkında babamla benim görüşlerim hiç uyuşmamıştır ki!
— *İyi ama, bu durumda Kitabı Mukaddes'in başlangıcındaki o ünlü cümle ne anlama geliyor: Tanrı insanı kendi suretine göre ve kendi benzeri olarak yarattı?*
— Klasik yorum şudur: Tanrı'nın sureti yoktur, dolayısıyla insanın da olmayacaktır. Bu cümlede biraz alaycı veya paradoksal bir ifade seziliyor. Hatta biraz daha ileri gidersek, şu anlama da gelebilir: İnsan, "Ben'im, ben varım" diyemez, olsa olsa "Ben olmaktayım, oluyorum" diyebilir. Yani: Önceden verilmiş bir tanıma hapsedilmiş değilim... Daha açıkça: Tanrı insanı özgür yaratmıştır!
— *Ama bütün dinler bunu söyler: Tanrı insanı özgür yaratmıştır!*
— Elbette. Ancak, Yahudi geleneğinde bunun ne kadar doğru olduğunu göstermek için, size Talmud'dan bir öykü anlatayım.

Bize, kumla yapıştırılmış kesme tuğlalarla yapılan bir fırının haram ve helal kurallarına tabi olmadığı öğretilmektedir. Rabbi Elyezer'in görüşü böyleydi, fakat bütün öteki ulema tersini düşünüyorlardı. Rabbi Elyezer öteki rabbilerin öne sürdükleri kanıtları çürütmek için elinden gelen bütün karşı-kanıtları ortaya koydu, ama hiçbirini kabul etmediler.
— Benim kararım doğru çıkacaksa, şu harnup ağacı bunu kanıtlasın! dedi Rabbi Elyezer. Bunun üzerine harnup ağacı derhal kökünden sökülerek yüz arşın uzağa gitti. Öteki rabbiler:
— Bir harnup ağacı hiçbir şeyi kanıtlamaz! dediler.
— Şu kaynak haklı olduğumu kanıtlasın! dedi Rab-

bi Elyezer. Ve hemen kaynağın suyu ters yönde akmağa başladı.
— Bir akarsu hiçbir şeyi kanıtlamaz, dedi rabbiler.
— Öyleyse, şu okuma-evinin duvarları bunu kanıtlayacaktır!
Duvarlar eğilmeye başladı; az kaldı yıkılacaklardı ki, Rabbi Yehoşua duvarlara seslendi:
— Bilgelerin çömezleri aralarında tartışıyorlarsa bundan size ne?
Duvarlar yıkılmadı, ama Rabbi Elyezer'e saygı olarak, tekrar doğrulmadılar da. Bugün hâlâ aynı durumdadırlar. O zaman Rabbi Elyezer öteki bilginlere şöyle dedi:
— Eğer benim yargım doğruysa, buna gökler karar verecektir!
Gökten hemen bir ses gürledi:
— Rabbi Elyezer'e niçin karşı çıkıp duruyorsunuz? Onun görüşü her konuda doğrudur!..
O zaman Rabbi Yehoşua ayağa fırlayarak şöyle haykırdı:
— *O gökte değildir!* (Tesniye, 30, 12).
Bununla ne demek istiyordu? Rabbi Yirmiya şöyle açıklıyor: Tevrat bize Sina dağında verildi, gökten gelen bir sese itibar etmek zorunda değiliz!
Talmud akademisinin bu fırtınalı oturumundan sonra, Rabbi Nathan Elias Peygamber'e rastladı ve bu tartışmalar olurken Tanrı'nın ne yaptığını sordu. Yanıt:
— Tanrı gülümsüyor ve şöyle diyordu: "Çocuklarım beni yendiler ve sonsuz kıldılar!.."

Bu hikâyede tartışılan konu haramla helal değil, hakikatin statüsüdür. Rabbi Elyezer'e sempati duyabiliriz, ama TEK hakikat uğruna savaşmakla yanılmış oluyordu. TEK hakikatten başka ölçütler de vardır. Örneğin demokrasi, her bireyin özgür seçimi, bazı kuralların kabulü [veya reddi] ve oylamaların geçici ceza veya ödülleri...

MİT, RİT VE RİTİM

— *Rabbilerin veya Talmudcuların Kitabı Mukaddes metnini nasıl okuyup yorumladıkları konusunu biraz açabilir miyiz?*

— Kitap –ya da Tevrat (yani en başta Kitap'ın ilk beş "kitabı": Tekvin, Huruç, Levililer, Sayılar, Tesniye)– iki tür metinden oluşmuştur: Bir olay ya da olayların öyküsünü (İbrahim'in, İshak'ın, Yakub'un, Yusuf'la kardeşlerinin, Musa'nın ve Mısır'dan çıkışın öyküleri gibi) anlatanlar, ve Tanrı'nın buyruklarını, davranış ilkelerini, hukuk, bağlaşım vb. metinlerini içerenler. Birincilere "anlatıcı metinler", ikincilere "buyurucu [*prescriptif*] metinler" denir.

Birincileri rahatlıkla "mitler" olarak tanımlayabilirim. Bu terim günlük anlamında değer yitirmiştir. Mitin "hakikat olmayan bir şey", gerçekten meydana gelmiş bir olaya tekabül etmeyen bir şey anlattığı kabul edilir. Fakat bütün bu mitler olayları tarihsel anlamda hikâye etmezler. Buna karşın son derece "hakiki" ve gerçektirler, zira derin bir bilgelikle yüklü olmak dolayısıyla, anlamca çok zengindirler; insan onlarda kendini tanıyabilir, kişisel veya toplumsal olarak onlarla özdeşleştirebilir. Mit bir "kimlik kurucu söz"dür: Onu okuyan, kendisini "yapılaştıran" bir dinamizme taşınmış olur. Buyurucu metinlere gelince, bunlara da "ritler" adını veriyorum, şu anlamda ki, yapılacak jestleri, düzenlenecek törenleri, uyulacak zaman ve süreleri vb. gösterirler. Kitabı Mukaddes'in (Talmudcu Yahudilerin Kitabının) tipik özelliği, bu iki tür metni eklemlemesi, yani mit ile riti birbirine bağlamaya çalışmasıdır. Bu eklemleme işine de ben, kendi hesabıma, "ritim" adını veriyorum.

— *Bir örnek verseniz, bayağı işe yarardı...*

— Yakub'un, Yabbok suyunu geçerken melekle dövüşmesinden daha önce bahsetmiştim. Yakub orada İsrail adını alır. Gitmek istediği zaman, melek onun kalçasına dokunur. Yakub siyatik sinirinden yaralanmıştır ve topal kalır. Öykünün sonunda metin şöyle der: "İşte bu yüzden, İsrailoğulları o gün bu gündür butun içindeki siyatik sinirini yemezler." (Tekvin, 32, 33). Burada rit (siyatik sinirini yememek), anlatıcı anının (melekle dövüşün anısının) davranışsal andırıcısı haline geliyor.

— *"Rit" sözcüğü insanın aklına birtakım dinsel ve başka tür törenler getiriyor. Oysa siz sanki yapılacak işlerden, pratik davranışlardan söz eder gibisiniz...*

— Evet; Yahudilik bir iman dini değil, eylem veya eylemler dinidir. İnsanı Tanrı'ya eylem bağlar. Yahudi filozof Martin Buber bu vurgulayışta, Doğu ile Batı arasındaki dini duygu farkını görmüştür. Kitap'ın hemen bütün "kitap"larında, imandan çok eylemden (amelden) söz edilir! Ama ruhsuz eylemden ya da anlamsız, kof törenlerden değil. Hayır, her eylem, görünüşte ne kadar küçük ve önemsiz olursa olsun, bir şekilde mutlaka Tanrı'ya yöneliktir. Ne olursa olsun, Yahudiler için, rit yasası en başta eyleme dönük dinsel tutumdan çıkar.

— *Ama böylelikle eylemin ya da Yasa'nın yerine getirilmesinin, anlamlarından boşalması tehlikesi de yok mu?*

— Olmaz olur mu! Ama aynı zamanda, Yahudiliğin içinde her zaman Yasa'nın mekanik biçimde uygulanmasına karşı çıkan ve yaşamın canlılığını taşıyan, Tanrı'ya bağlı eyleme geri dönmeye çalışan canlı topluluklar [cemaatler] de olmuştur.

— *Hıristiyanlık da kısmen bu karşı çıkış üzerine kurulmuş değil mi?*

— Hem evet hem hayır! İsa zamanında İsrail'de, sadece toplumdan uzakta çekinik yaşayan kapalı cemaatlerde değil halkın içinde de, Tanrı'yla bağların yeniden canlandırılmasına, anlamca daha zengin bir eyleme yönelik bir özlemin kendini duyurmakta olduğu kesindir. Bana sorarsanız, en ilkel Hıristiyanlığın özünde, hatta bizzat İsa'nın öğretisinde, her şeyden önce bu arzu, eylemin dinselliğinin yenilenmesi arzusu yatmaktadır. Ama eylemin merkezde olduğu bu Hıristiyanlık, Yahudiliğin ta kendisidir! Matta İncili'nin 5. bölümünde, Dağdaki Vaaz denen metnin başlangıcında, İsa'nın şu sözleri yer alır: "Sanmayın ki ben şeriatı yahut peygamberleri yıkmaya geldim; ben yıkmaya değil fakat tamam etmeye geldim." İsa'nın mesajı burada, yeni öğretiyi eskisine bağlamak fikrini açıkça dile getiriyor: Yepyeni bir öğreti değildir getirdiği; tüm anlamına yeniden kavuşan, Yasa'nın "ritüel" uygulanışının altında kararmış olan kökensel özgürlük ve kutsallık karakterini tekrar bulan eski öğretidir.

Matta'nın aynı pasajında İsa şunu da ekler: "Doğrusu size derim: Gök ve yer geçip gitmeden, her şey vaki oluncaya kadar, şeriattan bir *yod** [en küçük bir harf] veya bir nokta bile yok olmayacaktır!" Yani, bu eylem öğretisi bütün saflığı içinde, ruhun bütün gücüyle yerine gelmedikçe; bu dünya gerçekten koşula bağlı olmayan bir eylemle yeniden kutsallaşıp tanrısallaşmadıkça... Bana göre, bu ilkel Hıristiyanlık, bizim peygamberlerin öğrettiğini öğretiyordu: Koşula bağlanmamış eylem (ya da, isterseniz, Yasa)...

— *Size göre Hıristiyanlık bu Yahudi kaynağından uzaklaştı mı?*

— Evet; günlük hayattaki her türlü buyruklarda somutlaşan bu eylem fikrini bıraktı.

— *Somut planda, kopuş neden ileri geliyor?*

— Paulus'un, Yahudi Yasasının yerine Hıristiyan İmanını koymasından. Örneğin, Paulus, İman'a sahip olanın kazanacağı "inayet" ya da "kayra"dan söz eder. Kayrayı, Yasa'nın buyurduğu eylemleri yapanın kazandığı "ücret" veya bedelle karşıtlık içinde görür; böylece, Yahudilerin "tensel", maddesel okuyuşlarına karşı, Kitap'ın "manevi" okunuşunu getirdiğini iddia eder. Daha sonra, Kilise'nin Yahudi aleyhtarlığı ve modern antisemitizm bağlamlarında, bundan nasıl sonuçlar çıkarıldığı üzerinde durmak istemiyorum. Ama tartışılmaz bir gerçektir ki, Paulus'un bu yorumu, iki okuyuşu –"manevi" ile "maddi"yi– asla karşıt görmemiş olan Yahudi okuma geleneğinden kopmanın ifadesidir. Paradoksal bir durum, hele Hıristiyanlığa göre Tanrı bile ete-kemiğe bürünmüşken!..

---

* İbrani alfabesinde *y* harfi; Yunan alfabesindeki *iota*'nın (yota) karşılığı. Yunancası Batı dillerinde –buradan alınarak– "çok küçük bir şey veya miktar" anlamına kullanılmaktadır (bu harf her iki alfabede de çoğu kez kendi başına bir harf değildir, bir harfin üstüne veya altına konan küçük bir işaretle gösterilir). – ç.n.

Fakat daha kökten bir kopuş var —bu da aynı şekilde, geleneğin yorumundan ayrılıştır— ki o da sünnet konusundadır. Paulus, Hıristiyan olan paganlara zorluk çıkarmamak için, sünneti düpedüz kaldırır, ve yine bunu sözüm ona "manevileştirir": Gerçek sünnet, der, yüreğin sünnetidir (Romalılar, 2, 25-29). Ama bunu yaparken, yorumla, Kitap'ın ayetleriyle bağı da koparmış olur. Yaptığı, tefsir veya yorum değil, iptaldir.

— *Mit, rit, ritim terimleri çağımıza ait sözcükler. Söyledikleriniz gerçekten Talmud'un görüşünü mü yansıtıyor, yoksa Talmudcu okuyuşun modern bir yorumunu mu?*

— Bu, Talmud deneyiminden çıkmış, ama iki bin yıllık Talmudcu okuyuşun bir eleştirisini de içeren, modern bir yorumdur. Benim görüşüme göre, söz konusu —Talmudcu— okuyuş, ritin anlamını veya felsefesini içeren "anlatıcılık" ya da mitin aleyhine, rit öğesine biraz fazlaca saplantıyla bağlanmıştır. Başka türlü söylersek, her ikisini, ritle miti, birleştiren ritim öğesine daha ciddi biçimde geri dönmek gerekir.

— *Somut planda, bu ne demek?*

— Kitabı Mukaddes'in anlattığı olaylara, "öykülere" daha çok dönmek gerekir, demek. Bizim "anlatı, öykü" ya da —belirttiğim anlamda— mit olarak tercüme ettiğimiz İbranice sözcüğün kökü, "[bir şeye] karşı olmak, karşı gelmek" anlamını taşır. Anlatı ya da mit, bir şeye karşı çıkan bir sözdür; kırıcı, devrimci, sarsıcı bir söz... İlginçtir, Kitap aynı sözcüğü kadın için de kullanır. Harfi harfine: Kadın "erkeğe karşı bir yardım"dır! İbrani geleneğinde, dişillik [*le féminin*] "erkek karşıtlığı" düzeyinde, erkeği olduğundan farklı duruma getirecek olan kırılış düzeyinde bir kavramdır. En tam ve tipik türü roman olan anlatı [*narration*] sanatı, bu anlamda, bir tür dişillik taşır: Açıcı, doğurucu ve tekrar doğurucu bir sözdür...

MUSA'NIN ÜZÜNTÜSÜ

— *Talmud'un, metinleri okuyuş tarzını nasıl uyguladığını hâlâ görmüş değiliz...*

— Peki öyleyse, size bir Talmud öyküsü daha anlatayım (kullandığım sözcükler açısından metni biraz güncelleştiriyorum).

Musa göğe çıkar ve Tanrı'nın oturmuş, Tevrat'ın harflerinin üzerine küçük küçük taçlar koymakta olduğunu görür. –Bu arada, Tevrat İbranicesinin bize ünlüsüz, sadece ünsüzlerle yazılmış olarak geldiğini hatırlatayım.– Musa Tanrı'ya sorar: "Metni olduğu gibi bıraksan olmaz mı? Neden bu taçları ilave ediyorsun?" Tanrı cevap verir: "Gelecekte bir adam, Akiva ben Yossef, çıkacak, bu küçük taçların her birinin üzerine binlerce yorum yapacak." O zaman Musa şöyle der: "Bana bu adamı göstersene!" Tanrı cevap verir: "Arkana dön." Musa bir anda kendini Rabbi Akiva'nın "tefsirhane"sinde, sekizinci sıranın ucunda oturmuş bulur; Rabbi Tevrat'ı yorumlamaktadır. Musa Akiva'nın öğretisinden bir şey anlamaz ve derin bir üzüntüye kapılır. O sırada çömezlerden biri bilgine sorar: "Üstat, bu yorumu nereden çıkarıyorsun?" Yanıt: "Bu yorum Sina'da Musa'ya verildi." Bunun üzerine Musa kendisinden bahsedildiğini anlar ve üzüntüsü yatışır.

Bu kıssadan çıkan hisse şudur: Metnin anlamı sadece yazanın ona vermek istemiş olduğu anlam değil, her kuşaktaki okurların ona verdikleri anlamdır. Metnin, "belli bir" anlamı değil, "benim verdiğim" anlamı söz konusudur. Metin bir şey *demek ister*, ama başka bir şey de *diyebilir*. Sonsuza dek açıktır. Sözcüklerin bir "öte-dünyası", bir aşkınlığı vardır. Okuyucu olmak, sözcüklerin bu öte-dünyasını dinleyebilmek, öykümüze göre Tanrı'nın bizzat ünsüzlerin üzerine koyduğu o küçük taçlara kulak verebilmektir.

Hikâyenin sonu da üzerinde düşünülmeye değer. Musa Tanrı'nın huzuruna döner ve şöyle der: "Ey dünyanın Sahibi, emrinde böyle bir adam varken nasıl oluyor da sen Tevrat'ı benim aracılığımla indiriyorsun? — Sus, ben öyle karar verdim! — Dünyanın Sahibi, bana onun Tevratını gösterdin, ödülünü de göster! — Arkana dön!" Musa döner ve demir taraklarla Rabbi Akiva'nın etlerinin yırtılmakta, derisinin soyulmakta olduğunu görür. "Demek Tevrat'la ödülü buymuş ha! — Sus! Ben öyle karar verdim!"

— *Israrımı bağışlayın, ama bunları dinlerken, sanki artık Tanrı yokmuş, ya da Tanrı bir metinle, insanlık sorunlarını çözmek için bundan yapılan tefsirlerin karşısında silinip gitmiş gibi bir izlenim uyanıyor insanda...*

— Dediğim gibi, Talmud, *yazılı Tevrat*'taki anlatıları, öyküleri [mitleri] yorumlar. Fakat bu yorumları, sağlam kurgulu, mantıklı ve soyut felsefi nutuklar şeklinde yapmaz. Talmud'un kendisi de, üstatların tartışmalarını, görüş ayrılıklarını, kavgalarını ve uzlaşma noktalarını, yaşandıkları andaki gibi canlı olarak aktaran hikâye ve diyaloglarla doludur. Tanrı'yla birlikte, Tanrı hakkında, ya da Tanrı'nın birçok kez doğrudan işe karıştığı hikâyeler anlatır. Her yerde, her durumda aslolan, özneler-arasılık [*intersubjectivité*] ve diyalogdur, zira anlam oradan fışkırır.

Başka deyişle, Talmud, "Tanrı kimdir?" ya da "Tanrı nasıl tanımlanmalı?" gibi sorular soran ilahiyat veya felsefe makalelerinden oluşmuş değildir. Tanrı'nın "doğası" üstüne birtakım entelektüel tartışmalar da değildir. Bunlar, Tanrı'yı kendi söylemlerimize hapsetmek ve böylece putataparlık tuzağına düşmek olur. İşte *bu anlamda*, Talmud son derece "kavram-karşıtı" [*anticonceptuel*], felsefe-karşıtı ve ilahiyat-karşıtıdır. Buna karşılık, yeni yorumlar tasarlamak ve beklenmedik yollar açmak üzere, hayal gücüne büyük bir yer bırakır. Özgürlüğü hayal etmek için hayal etme özgürlüğüdür bu!

— *Size bakılırsa, Talmud pek çağdaş, pek modern bir şey...*

— Gayet geniş bir açık fikirlilik ya da zihinsel açılıma olanak verir. Hatta, buna göre her şey düşünülebilir, dense yeridir, ama her şey yadsınabilir de. Talmud, örneğin Tanrı hakkında iyi düşünülüp taşınılmış sağlam bir söylem meydana getiren bir ilahiyatın olabileceği gibi, bir kapanma, bir mahpusluk değildir. Nitekim bu tutum, en çağdaş felsefede bile birçok yankı bulmaktadır; örneğin, "Talmud okumaları" –ki bunlar sonradan felsefe kitapları olmuştur– da yapmış olan Emmanuel Lévinas'ınki gibi.. Lévinas'ın felsefesi, başka temalarının arasında, özellikle siyasette totaliterlik olgusuna ve totaliter düşünceye karşıdır. Bu felsefi doğrultunun pek önemli bir kaynağını da Talmud'da bulmuştur.

SÜRGÜNLÜĞÜN ANLAMI

— *Her şeyden çok korktuğunuz şey, sadece biricik ve donmuş bir Hakikat kavramı değil, aynı zamanda her türlü kök salma, belli bir yere yerleşme düşüncesi de...*
— Gerçekten de öyle. İbrahim'e gelen vahiy: "Ülkenden, vatanından, babanın evinden çık, git..." buyruğundan söz ederken, bunun ne derece derin bir kökten kopuş sözü olduğunu vurgulamıştım. Yahudilik hakkında, André Neher'in ardı sıra, "göçebelik gerçeği"nden söz edilir oldu. Bu, onun paganizmle, her çeşit putataparlıkla arasındaki farktır. Pagan olmak yerleşmek, bir yere çakılmak, toprağın güvencesi üzerine konmaktır. Göçebe ise aksine, her an odunu ocağını terkedip yola koyulmaya hazırdır. İbrahim gibi o da sahip olduğu varlıklarla yetinmez, yerleşik hayattan ve onun sağladığı güvenliklerden vazgeçebilir.

— *Evet, tabii; ama yine de göçebelik, bir yaşam biçimi olarak, sürgünlüğün aksine, başa gelmiş bir tür lanetlenme değil mi?*
— Mısır'dan kurtulup özgür kalan köleler çölde, toprağı olmayan, ama birbirlerine bir sözle bağlı bir kavim, bir ulus olurlar. Huruç deneyimi budur. Daha sonra, Kenaneli'ne yerleşim ve krallığın (yani biçimi bakımından ilkel olsa da bir devletin) kurulmasından sonra, bu kez, bütün anlamlarıyla, Sürgün deneyimi gelir: Her bireyin yüreğine korku ve kaygıyı, güvensizlik duygusunu, mutsuzluğu ve umudu yerleştiren, bir dışlanmışlık, bir kovalanma yaşamının bütün çileleri...

Fakat, ne denli taşınmaz bir yük olursa olsun, bu sürgünlük sadece anlaşılmaz bir lanet olarak görülmeyecektir. Bir "sürgün hakikati" vardır, zira sürgün bir çeşit Yahudilik "görevi" içerir: Yahudi olmak, sürgüne yargılı olmaktır ve dağılma [*diaspora*] da (bir grupla, bir devletle, vb. sabit bağlar kurma imkânsızlığı gibi) sadece olumsuz bir anlam taşımaz; aynı zamanda, kesin ve değişmezcesine saptanmış birlik-kimlik arama dürtüsüne ket vurmak gibi olumlu bir anlamı da vardır. O zaman, İbrahim'in, başını alıp giden adamın, ta başlangıçtaki davranışına dönülür: "Yurdundan çık git..."

— *Böylelikle, Yahudi tarihini, olup bittikten sonra temellendirmiş, gerekçelemiş olmuyor musunuz?*

— Sanmıyorum. Kitabı Mukaddes'in metninde bile, Mısır'daki köleliğin ilahi planın bir parçası olduğunu bulabiliriz, zira Tanrı İbrahim'e şöyle der (Tekvin, 15, 13): "İyi bil ki senin zürriyetin kendilerinin olmayan bir memlekette garip olacak ve onlara kulluk edecekler, ve kendilerine dört yüz yıl cefa edecekler." Ne kadar şaşırtıcı gelirse gelsin, sürgün kararını bizzat Tanrı veriyor, sanki insan soyu için en iyi yol bu imiş gibi!..

Sürgünlük kaçınılmaz bir kader değil, bizim Yahudi kimliğimizin bir koşuludur. İsrailli yazar İtzhak Goren, kendi ailesinin hikâyesiyle, bu fikri pek güzel açıklamıştır: Ortaçağda, Almanya'nın Gorms (Worms) kentinden çıkıp İspanya'ya giden bu aile önce Gormezano'lar olarak adlandırılmış. 1492'de oradan kovulunca, önce İsveç'e, ardından Türkiye'ye, sonra da Mısır'a gitmiş, ve sonunda İsrail'e gelip yerleşmiş; bu arada sırasıyla *İspanyollar, İsveçliler, Türkler* diye adlandırılmışlar. İsrail'de bile *Mısırlılar* diye anılmaktan kurtulamamışlar. O zaman, kökendeki adları Gormezano'yu –iyi kötü– İbraniceleştirip Goren yapmışlar. İtzhak Goren'in belirttiği gibi, ataları hangi ülkede olurlarsa olsunlar, hep bırakıp geldikleri ülkenin adıyla anılmış, asla bulundukları ülkeyle özdeşleştirilmemişler!

— *Ama Kudüs Tapınağı'nın inşası, bir kök salmanın, sabit bir yerin, bir tür dinsel "vatanın" simgesi değil mi?*

— Bu sorunuzu, ikinci Tapınak'ın MS 70'te yıkılmasına ilişkin bir efsaneyle yanıtlayayım. Yahudiler inatla direnmektedirler, ancak parti kaybedilmiş görünmektedir. Şehrin önemli rahiplerinden biri, Rabbi Yohanan ben Zakay, doğrudan doğruya Romalı komutan Vespasianus'a başvurarak son kozunu oynar. Surların dışına çıkmak için bir yol düşünür; kendini bir tabuta hapsedip dışarı çıkartır; hilesi başarılı olur. Sonra Vespasianus'a kadar ulaşıp ona, "Selam sana ey İmparator!" diye seslenir. Vespasianus şaşırır, çünkü sadece bir komutandır, ve tam bu küstaha cezasını vermeye hazırlanırken Roma'dan bir haberci gelir ve haykırır: "Yaşasın İmparator!"

Vespasianus, müjdeyi ilk verdiğinden dolayı Rabbi Yohanan'a teşekkür etmek için, ne dilekte bulunursa bulunsun yerine getireceğine söz verir. Rabbi, kuşatmayı kaldırıp Tapınak'ı esirgemesini isteyecek yerde, ne dilekte bulunur dersiniz? Vespasianus'tan, Yavne'de bir Talmud okulu açılmasına izin ister! Ve tabii Vespasianus bunu ikiletmeden kabul eder.

Yahudi kavminin en önemli manevi devrimlerinden biri kaynağını buradan alır: Kültsellikten kültürelliğe geçiş! Süleyman tarafından yaptırılmış taş Tapınak'ın kaybı elbette sonsuz bir kayıptır; ama şimdi başka bir tapınağın, ruh ve bilinç tapınağının, inşasına geçilmiştir, ve bunun sayesinde Yahudi halkı her tür sürgün ve acılarla birlikte bütün tarihi baştan başa geçecektir... Kutsallığın yeni uzamı, Kitap olacaktır!

İBADETTEN ÖNCE "OKUMA" MI?

— *Tanrı'dan çoğunlukla üçüncü kişi olarak söz ettik. Ama Yahudi mümin, Tanrısıyla ne gibi bir kişisel ilişki kurar? Örneğin, "Tanrı'ya inanıyorum" der misiniz?*

— Yahudiliğin, bir vahiy metninden (Tevrat) geçen, kendine özgü bir "Tanrı'ya inanma" tarzı vardır. İbrani ve Talmud geleneğinde, "Tanrı'ya inanıyorum" demek, tam anlamıyla imanın özünü oluşturmaz. Biz daha çok Tanrı'ya sadakat veya sadakatsizlikten söz ederiz; Tanrı ise her zaman "sadık"tır. Hatta daha ileri giderek şunu söyleyeceğim: En azından düşünme, meditasyon konusu olan bir felsefi fikir, kafada istendiği gibi evrilip çevrilebilen bir "kavram" [*concept*] olması anlamında, Tanrı'nın kendisi de bizi ilgilendirmez. Bizim için sadece iyilik ve özgürleşmenin Tanrısı önemlidir. Tevrat Musa'nın ağzından Tanrı'dan söz ettiğinde, bu her zaman Tanrı'nın yüce eylemlerini, yani genel olarak insanlar için yaptıklarını (örneğin, Yaradılış) ve özel olarak İbraniler için yaptıklarını (Mısır'dan kurtuluş) kutlamak, ululamak içindir. Tanrı'yı yaşar kılan, insanların çok ve çeşitli yorumlarıdır, bunun tersi değil.

Tanrı'yı insanların *icat ettiklerini* söylemek istemiyorum. Sorun Tanrı'nın varlığı ya da yokluğu değildir, çünkü başlangıç ilkemiz zaten onun var olduğudur. Sorun, [dünyamızda, hayatımızda] Tanrı'ya yer açabilmektir. Yahudi Yasasının etiğinde, bu yer *şekina* [shekinah], yani "ilahi vücut" [Tanrı'nın orada olması] adıyla anılır. Şekina ancak insanlar onun gelmesini sağlarlarsa, onu kabul ederlerse, orada olur; ve tabii ayrıca, metnin bir veya birkaç anlamını (TEK hakikatini değil) yerine koymak üzere okuma ve yorum yaparlarsa…

— *Bir kez daha soracağım: Bütün bunlarda, Tanrı nereye gitmiş oluyor?*

— Çocukluğunu bir Talmud okulunda geçirmiş olan biri, kendi Yahudiliğinin [Yahudiliği yaşayış tarzının] –sözcüğün dar anlamıyla– kesinlikle "teolojik" olmadığına dair yoğun bir bilinç içindedir. "Tanrı üstüne söylem" önemli değildir; sadece, Tanrı'yla, "Öldürmeyeceksin" diye buyuran Metin'den geçerek kurulan ilişki, başka deyişle ETİK, esastır. Yahudi olarak biz tektanrıcılıktan ve biricik Tanrı'dan pek söz etmeyiz. Bizim sorunumuz öncelikle "iman" değil, Yasa'dır, ve onu taşıyan metin, yani Tevrat'tır. Bir hukukçuluk veya legalizm saplantısı olarak değil, bir ahlakçılık veya etik saplantısı olarak… Yahudi kitaplarında en az kullanılan sözcük, olasılıkla, Tanrı'nın adıdır; bunun nedeni en başta çekingenlik ve saygıdır ("Tanrı'nın adını olura olmaza ağzına almayacaksın!"), ama aynı zamanda Tanrı'nın adına her şeyin yapılabileceğini ve en şiddetli zulümlerin uygulanabileceğini bilmemizdir de. Yasa, etiğin güvencesi olarak, yapılacak doğru hareketlerin hatırlatıcısı olarak, yanımızdadır.

— *Dinde yalnız okuma, öğrenme yoktur. Her mümin gibi Yahudi de ibadet eder, dua eder, Tanrı'ya seslenir... Herhalde bir metne dua ettiğini söylemeyeceksiniz!..*
— Gerçekten de sinagoglarda ibadet gayet yoğundur; büyük bir iman ve derin bir huşu içinde dua edilir. Tanrı'ya beslenen bu yalın güvendir, dua, övgü veya dilekler aracılığıyla O'nunla kurulan bu dolaysız ve kişisel ilişkinin gerekçesi.. Yahudi ibadeti özellikle, övgünün [hamd] pek çok, dileklerinse daha az yer aldığı, kurallarla belirlenmiş [litürjik] dualardan ve mezmurlardan oluşur. Ancak Tanrı'ya Tanrı için –müminin kendisi için değil– tapıldıktan veya dua edildikten sonra, dilekte bulunulur. Bu yüzden *hamd*'ın payı daha büyüktür. Görünüşün aksine, Yahudi Tanrı'yla kurduğu dolaysız ilişkide içten, hatta safdil kalır. Tanrı'ya dua eden herkes gibi, aşkın bir varlığın; kendisini sevebilen ve seslenişini yanıtlayabilen, kendisiyle ilgilenebilen ve dolayısıyla rahat, huzur ve teselli verebilen aşkın bir varlığın yakınında bulunma duygusu içindedir.

— *Yine de, siz okumayı ve öğrenmeyi ön planda tutuyor gibisiniz...*
— Evet, "okumak" en yüce tapınma biçimidir. Bir tür "üst-ibadet"tir. Ama buna karşın hiçbir Yahudi, durumu ne olursa olsun, ibadet için toplanan cemaat kitlesinden kendini ayrı tutamaz. Okuyup öğrenme uğraşı kişiyi cemaatten yalıtıyorsa, hiçbir şey yolunda gitmiyor demektir. Rabbi, çömez, ya da Yahudi düşünür, Talmud metinlerinin "mütalaasına" bayağı uzun bir zaman –günde on iki-on dört saat– harcarlar. Bunların arasında onlara şöyle diyen pek çok metin vardır: "Buyrukları yerine getirmek gerektir, fakat Tevrat'ın mütalaası en önde gelir." Oysa onlar da ibadet ederler.

İMANDAN ÖNCE AHLAK

— *Size bakılırsa, sanki Yasa ile "mütalaa" arasında bir gerginlik olduğu akla gelebilir...*

— Yasa'nın en yüksek uygulaması, Yasa'nın okunup öğrenilmesi [*mütalaa*], ama Yasa'nın biçimlerinden biri de ibadettir; hiç kimse bundan yan çizemez. Ayrıca, insan birçok yasayı uygulamayabilir, ama okuyup öğrenebilir, inceleyebilir ve böylece onlara anlam ve somutluk kazandırabilir. Yine de, bir *mitzvah* (eylem, davranış) ile "okuma" arasında seçim yapmak zorunda kalınırsa, okumayı seçmek gerekir (cenaze kaldırma durumu hariç; burada eylem ön plana çıkar). Bir kez daha vurgulayayım: Yahudiler için dünya Tevrat'ın "mütalaası" üstünde durur, ve *yeşivah*'lar (Talmud akademileri) da dünyanın direği olmak sorumluluğunu yüklenmişlerdir. Bu kurumlarda, okuma-öğrenme-yorumlama-eleştirme ["mütalaa"] gece gündüz aralıksız devam eder. Elbette bu uğraş kişiyi öteki dini yükümlülüklerini de yerine getirmekten bağışık kılmaz. Sadece seçim söz konusu olduğunda öncelik ondadır.

— *Ama bütün Yahudiler okuyup öğrenmeyle uğraşmıyor; birçokları Yasa'ya uygun davranmakla yetiniyor...*

— Evet, ama Yasa'yı (örn. *şabbat* [sebt günü] günü, yiyeceklere ilişkin haram-helal kuralları vb.) uygulayan Yahudi, bir süre böyle yaşadıktan sonra, okuma-öğrenmeyle de uğraşan bir gruba dahil olma zorunluluğunu mutlaka hissedecektir. Yahudi toplumu tek tek bireylerin değil, bir okuma ve etüt grupları ağının üzerine kurulmuştur, ki bunlar aynı zamanda dostluk gruplarıdır. İbranicede "dost", önce "okumada dost" demektir; gerçek dostluk insanları bir metin etrafında buluşmaya ve bunun yorumunda birbirleriyle yarışmaya sevk eder. Dostluktan bir tür aşkınlık, bir etik doğar.

Yahudi, Tanrı'yla ilişkiye metin aracılığıyla girer. Bu, "Litvanya okulu" denilen, soğuk akılcılıkla dolu Talmud geleneği için bile geçerlidir. Bu tutum, Metin'den geçerek Tanrı'yla mistik bir buluşma deneyimine kadar gidebilir.

— *Bu mistik deneyim olasılığına bir diyeceğim yok, neden olmasın?.. Ne var ki, dışardan bakan gözlemci, Yahudinin tüm yaşamını Yasa'nın yönlendirdiği izlenimine kapılıyor...*

— Talmud'un akılcı [rasyonalist] ulemasına göre, Tanrı her

şeyden önce etiktir, adalettir, ve bunlar Yasa'ya uyularak gerçekleştirilir. Vahiy, "Tanrı'nın öyküsünü" anlatmaz. Elbette dünyanın yaradılışının, vahyi alan ulu-ataların ([*patriarches*]: İbrahim, İshak, Yakub...), Mısır'dan çıkışın, çöldeki zorlu yürüyüşün... muhteşem bir öyküsü vardır orada; ama bunlar Tanrı'nın yüce eylemlerinin öyküsüdür, [kendisinin değil].

Ancak, esas olan [bunlar değil], Yasa'nın –etiğin, yapılacak iyi'nin ve yapılmayacak kötü'nün– vahyedilmesidir. Denebilir ki, bu, insan haklarının vahyedilmesidir. Bildiğimiz evrensel *İnsan Hakları Bildirisi* de Yasa Levhaları'nın ilkelerini, "imgeselliğini" tekrar eder. Hıristiyanlık bu açıdan hiçbir yenilik getirmemiştir. İnsan hakları etiği Sina dağında, şiddet kullanmayı yasaklayan ("Öldürmeyeceksin", "Çalmayacaksın"...) bir vahiyle, yani iyilik ve adalet üzerine kurulu insan ilişkilerinin olabilirliği fikriyle doğmuştur.

Gerçi, Yahudilikteki ritlerin çokluğu ve önemi nedeniyle, insan bunların vahyin yerini aldığı ve manevi her şeyin özellikle bir tür rit-tören saplantısından, yapılacak jestlerden ve gözetilecek kurallardan ibaret olduğu izlenimine kapılabilir. Ama daha önce de söylediğim gibi, ritlere anlam veren anlatıları, "mitleri" de unutmamak gerekir. Bunun karşılığı olarak, ritler de somut jestlerle canlı tutulan bir tür bellektir (tabii burada *mitsvot*'a, beslenmeyle ilgili kurallara, *şabbat*'a vb. gönderme yapıyorum).

SAFLIK VE KUTSALLIK

— *Saflığa, temizliğe dair ritüellerden çok söz edilen Leviliier kitabında, Tanrı şöyle der: "Kutsal olacaksınız, çünkü ben kutsalım" (19). Yahudiler için, arılık, saflık nedir?*

— Bu, her şeyden önce, insanın ihtiyaçlarıyla bunların tatmini arasında ayrım yapmak, araya bir mesafe koymaktır. İnsan, hemen doyurmak istediği içgüdü ve ihtiyaçlar ile, aşkın bir âleme açılışın, tanrısal olana özlemin bir karışımıdır. İnsanlığı, bu ikisinin arasındaki gerilim ya da dengede yatar, ve bu insanlık önce bütün arzuladıklarımızla, içgüdülerimizle ve dürtülerimizle aramıza bir mesafe koymakla gerçekleşir. Burada, hayvanlığımızdan çıkmak ve onu Yaradan'la yaratık arasında bir ilişkiye dönüştürmek söz konusudur.

Örneğin, kutsamaların [hamd ve şükür dualarının], rolü budur. Yemeğe başlamadan önce Yaradan'ı kutsayarak, ona hamd ederek, sözünü ettiğim bu mesafe konmuş ve bu dönüşüm gerçekleştirilmiş olur. İnsan böylelikle, yiyecekle dolaysız ilişkiden kendisini ayıran bir kutsallık statüsüne girer. Bu anlamda, dininin kurallarını gözeten Yahudinin her gün etmek zorunda olduğu yüz kutsama duası, Tanrı'ya yöneltilmiş övgüler [hamd] olmakla birlikte, aynı zamanda bir tür kendi hayvanlığından kurtulma yoludur da. Kendini kutsal kılmak, sabrı ve bu uzaklığı öğrenmektir. Aslına bakılırsa, Âdem'le Havva'nın cennette o ünlü elmayı koparmakla işledikleri günah neydi ki, bir sabırsızlıktan başka?..

— *Kutsamalar ve dualar "olumlu" eylem ve davranışlardır. Ama bir de yasaklar, haramlar var; onlara ne diyorsunuz?*

— Beslenmeyle ilgili bir yasağı ele alalım: [Yasa'ya göre] sadece çatal toynaklı ve geviş getiren hayvanların eti yenebilir. Bunlara "temiz" denir. Neden çatal toynaklı? Ben burada, simgesel olarak, Talmud usulü tartışma ilkesini görüyorum: Dünyada ancak çoklu ve çeşitli (farklılaştırılmış) bir algılamadan hareketle ileri gidilebilir. Çatal toynak ikiliği, diyaloğu, açıklık ve açılımı, "Bir" ideolojisinin reddini gösterir.

— *Ya geviş getirme?*

— Bir fikri benimser, dağarcığımıza eklerken, onu tekrar tekrar düşünmemiz, –adeta geviş getirerek– "sindirmemiz", anlamını ortaya çıkaracak sabrı göstermemiz gerekir; eleştirel zihniyet göstermeden, körü körüne dürtülerimize kapılmak değil. Ne yiyorsak oyuzdur: *Kaşer* [helal] yiyecek bize, "hazır düşünce"nin karşıtı olan eleştirel zihniyeti veya yaklaşımı öğretir!

— *Temizlik [saflık, arılık] kurallarına ne anlam veriyorsunuz?*

— Temizlik, kutsallık değildir. İbranicede bunlar iki ayrı sözcükle ifade edilir. Ama ayrıca sözünü ettiğimiz mesafe koyma, ayırma, sabretme kavramları da işin içine girer. Örneğin, beslenmeyle ilgili ilk kural, bir hayvanın bir organının alındığı gibi hemen tüketilmesinin uygun olmadığını hatırlatır. Hayvan kurallara göre boğazlandıktan sonra, içerdiği kanın boşaltılarak etin *kaşer*, yani yenmeye hazır hale getirilmesi için, *kaşrut*'ça konmuş kuralların da gözetilmesi gerekir.

"Ailevi temizlikler" için de durum aynıdır. Âdet görmekte olan ve bu yüzden kocasıyla ilişkiye giremeyen kadının temiz sayılmayışı da, bu ayırma, sabır, arzuyla araya mesafe koyma ve son olarak da saygı yasasını hatırlatır. Bu, cinselliğin yaşanmasına karşı duyulan bir "kuşku" değildir. Tersine, Talmud'a göre, sabır arzunun daha da canlanmasını sağlayacaktır. Aynı şey, *şabbat* uygulamasının temsil ettiği çalışmayla araya mesafe koyma olayı konusunda da düşünülebilir.

Aksi yönde, ama tamamen mantıklı olarak, "ayrılmış" bir nesne de "kirli" sayılır. *Sefer Torah,* yani Tevrat kitabının durumu böyledir: Ona kimse dokunamaz. Ulema onu "kirli" [haram] ilan etmiştir ki, müminler onunla aralarındaki mesafeyi korusunlar. Ona dokunmak için, ya "eldiven takmak" ya da özel bir bezle örtmek gerekir. Yoksa, ona dokunmakla ben de kirlenmiş olurum...

— *Tevrat kitabının [haram anlamında] kutsal [sacré] olduğu söylenebilir mi?*

— Hayır; "kutsal" [saint] ile "haram" [sacré] arasında ayrım yapmak gerekir. Haram donmuştur, nesnededir, putataparlık planında yer alır. Bu durumda tanrısallık bu dünyaya ait bir nesnede içerilmiştir. Kutsallık ise insanın bir dinamiğidir; insanlık durumumuzu daha iyi yaşayabilmek için bizi kuşatan nesnelere karşı bir ayrılma, uzaklaşma davranışıdır.

İBRAHİM'DEN ALINACAK DERS

— *Birçok kez Tevrat mesajının ve Yahudilerin kafalarındaki Tanrı kavramının merkezinde yer alan adaletten, etik-*

ten söz ettiniz. Ama [Kitap'taki] birçok hikâye bunu yalanlar gibi görünüyor. En başta da, Tanrı'nın isteği üzerine oğlu İshak'ı kurban etmek üzere dağa giden İbrahim'in hikâyesi... İnsana bu derece zalim gelen bir Tanrı karşısında pek çokları şaşırıyor, isyan ediyor...

— Haksızlar, zira bizim için metnin anlamının bu olmadığı apaçıktır. Elbette hikâyede İbrahim'in, Tanrı'dan öyle emir aldığı için, yani en yüce bir söz veya değer uğruna, oğlunu kurban etmesi gerektiği söyleniyor. Ama son anda, kendi bağladığı biricik oğlu İshak'ı bıçakla tam keseceği sırada, Tanrı'nın meleği onu durdurur. Bu durdurmanın –ki aynı zamanda bir "karar"dır– anlamı açıktır: Sen artık çevrende herkesin yaptığı şeyi yapmayacaksın, başka deyişle, Tanrı adına, yani en yüce değer adına, sadece kendi oğlunu değil, hiçbir insanoğlunu öldürmeyecek veya kurban etmeyeceksin. Şöyle de diyebiliriz: İbrahim'in gerçekleştirdiği devrim, Tanrı'nın sözüne *karşı* bile olsa, "ötekine" saygıyı gündeme getirmesidir. İbrahim –yani İbrahim'in öyküsü demek istiyorum– Tanrı simgesini ya da değerini bir insanlık değerine, insanlar için bir değere, yani en geniş ve en derin anlamıyla bir adalete dönüştürmektedir.

— *Yine de, melek son anda İbrahim'in elini tutmuş olsa da, insan Tanrı'nın bu isteğini kabul edilemez bulmaktan kendini alamıyor...*

— Bu metinden alınacak ders bence sağa sola çekilemeyecek kadar açıktır. İbrahim'den sonra bir daha asla Tanrı adına, yüce bir değer veya İyilik adına, hiç kimsenin bir başka insana el kaldırmaya yetkili olduğu sanısına kapılmasının söz konusu olmayacağını gösteren, tiyatroluk, dramatik, tam bir mizansendir bu... Bu hikâyedeki asıl devrimci öğe, İshak'ın kurban edilişinin gerçekleşmemesidir! Bu mesaj iyi anlaşılırsa, şu demektir: İnsanlar arasında Tanrı adına şiddete asla yer yoktur! On Emir, ya da On Söz, çeşitli görünümler altında, hep bunu söylemekten başka bir şey yapmaz.

İYİ'DEN ÖNCE İYİLİK

— *Demek ki Tanrı, ya da Kitap'taki Tanrı, Mutlak İyi'dir, adalettir; ve belki bunu bilmek, onun biricik olduğunda ısrar etmekten daha önemlidir. Bunu mu demek istiyorsunuz?*
— Evet. Ama İyi fikri, ya da filozofların deyişiyle "kavramı" ile İyi'nin ve iyiliğin gayet somut olarak yaşanması arasında ayrım yapmak gerekir. Yunan filozoflarında ve özellikle Platon'da rastladığımız şekliyle İyi kavramı, her kişinin, kendi öznelliği içinde, İyi'yi –ve bu yolla kendini de– gerçekleştirmek için, kavrama, fikre, ideale "yükselmesini", başka deyişle İyi'yi, Güzel'i ve Doğru'yu aramasını temele koyar. Bu "idealist" görüş tarzı tehlikelidir, çünkü insan yaşantılarıyla bağlantısı kopmuştur. Bunun sonucu olarak, İyi'yi gerçekleştirmek için birçok kötülük yapabilirim.

Gerek bu yüzyılda gerek başka yüzyıllarda, insanlara şimdiki veya gelecekteki İyi adına cinayetler işleten ideolojilerde, bunun böyle olduğu fazlasıyla görülmüştür. Enkizisyon, özellikle Yahudiler açısından, en acıklı örneklerden biridir.

Çek Cumhuriyeti cumhurbaşkanı, eski rejim muhalifi Vaclav Havel, söylevlerinden birinde bunu harika bir biçimde dile getirmiştir:

> Partiler adına, psikiyatri hastaneleri, düşünmek cüretini göstermiş olan erkek ve kadınlarla dolduruldu!
> "Bilimsel" hakikatler adına, karşıt görüşler karacahilliğin ya da deliliğin karanlıklarına fırlatıldı!
> [...]
> Devrimci ideolojilerin hakikati adına, birtakım aydınlar kendi halklarını kırdılar!
> Tek Tanrı adına, Engizisyon tarafından insanlar odun yığınları üzerinde yakıldı!
> Aynı şekilde "tek" olan bir başka Tanrı adına, adaleti yerine getirmenin ve ödevini yapmanın verdiği vicdan rahatlığıyla, cihatlar ilan edildi!

— *Ama ne olursa olsun, Kitabı Mukaddes insanlara iyilik yapmayı önermiyor mu?*
— Evet, ama söz konusu olan, ne olduğu önceden bilinen bir İyi değildir (İbrahim işte böyle bir fikir adına gözünü bile kırpmadan söylenene uyup oğlunu kurban etmeye götürür). Kitabı Mukaddes geleneğinde, "İyi kavramı", başkalarına yapılacak somut iyiliğe dönüşür. Kim olursa olsun hemcinsine, "ötekine" iyilik yapmak tek kuraldır. Yasayı koyan Öteki'dir. Bunun İyilik'ten farkı, soyut fikir ve değerler değil, özneler, somut kişiler üzerine kurulmuş olmasıdır. İbrani geleneği bu açı değişikliğini bazen piramit ve yıldız imgeleriyle ifade etmiştir. Mısır'ın felsefesini ya da siyasal sistemini ifade eden iğretilemelerden biri piramittir: Tabanının üzerine oturmuş, ucu yukarı dönük bir üçgen... Bu simge, kendi kendileriyle ve birbirleriyle ilişkileri içinde değil, tanrısal bir yüce değerin kuruluşu içinde tanımlanan bir özneler topluluğuna gönderme yapar. Buna karşılık, Mısır'dan çıkmış olan Yahudilere Sina'da kendini açınlayan Tanrı, her zaman bu kurtuluş olayıyla ilişkili olarak tanımlanır. Konuştuğu zaman, ("Ben yukardaki Tanrı'yım, kurulup doruğuna erişilecek Piramit'im" diyecek yerde) şöyle der: "Ben Sonsuz Varlık'ım, seni Mısır'dan, kölelik evinden çıkaran Tanrınım."

İbrani insanlarının bütünü için, bir toplumun, bir siyasetin ve bir dinin olabilirliğinin temeli, önceden tanımlanmış bir İyi değil, bir "etik"le, öteki insanlarla bir ilişki, iyilik egemenliğinde somut bir yüz yüzelik (başka deyişle, herkesin herkesle yüz yüze gelmesinden fışkıran somut iyiliklerin bütünü) olacaktır.

O zaman, tabanı yukarda ucu aşağıda ters bir piramit imgesinin ön plana çıktığı söylenebilir. Tanrı'nın Kitap'taki vahyi, Mısır dini ve piramitleriyle simgelenen soyut İyi. "sistemini" baş aşağı çevirmekten ibarettir. Tabanının üzerinde dik duran piramit –her an kurtulunması gereken eski gönderge sistemi– ile bu ters piramit –vahyin getirdiği yenilik– üst üste konursa, altı ışınlı bir yıldız elde edilir: Davud'un Yıldızı!.. İşte Kitabı Mukaddes'in getirdiği devrim budur. Vassili Grossmann'ın romanı *Yaşam ve Yazgı*'nın kişilerinden birinin dediği gibi, "Ben İyi'ye inanmam, iyiliğe inanırım."

— *Ama İbrahim gözünü bile kırpmadan emre itaat ediyor!..*

— Belki de kurban olayının gerçekleşmeyeceğini bildiği içindir. Oğlu kurbanlık kuzunun nerede olduğunu sorunca, "Tanrı gerekeni yapacaktır" der. Metinde de bu güvenin başka ipuçlarını buluruz. İbrahim, "birlikte" döneceklerinden söz eder. Fakat bu hikâye şöyle de anlaşılabilir –ki ben de bu görüşteyim–: Metin İbrahim'in henüz cahillik içinde bulunduğunu, Tanrı konusunda yanıldığını göstermek istemektedir. Büyük bir Doğru Kişi'dir gerçi, ama eski sistemin içinde mahpus kalmıştır. Okur, İbrahim'e uyarak, müminin Tanrı adına insan öldürme gibi eylemleri yapması gerektiğini öğrenir; ama bunlar putatapıcılık eylemleridir. İshak'ın "kurban edilmeyişi"nden sonra ise, artık "en yüce" diye nitelenseler bile, bir değerler sistemi adına –burada İbrahim'in kendi oğluyla simgelenen– herhangi bir insana şiddet uygulamaya asla izin verilmeyeceği kesinlikle bilinmektedir.

YAHUDİLERİN MESİHİ

— *İyi'nin, daha doğrusu iyiliğin bir gün bu dünyada tam olarak gerçekleşeceğini ifade etmek için, Kitabı Mukaddes'in ardından, "Mesih çağı"ndan söz ediliyor. Yahudiler hâlâ Mesih'i bekliyorlar mı? Onun hakkında ne diyorlar?*

— Halk arasındaki anlamıyla (yani Hıristiyan yorumuna göre), Mesih'ten en önce İşaya Peygamber bahsetmiştir. Tevrat'ta Mesih'ten hiç söz edilmez. Mesih ya da Mesih fikri, Yahudilikte geç dönemlerde ortaya çıkmıştır.

Fakat, Hıristiyan Mesihi (*Christ*, İsa) nedeniyle, Mesih fikrinin Yahudiliğin tarihinde önemli bir rol oynadığı da bir gerçektir. Önemli, ama sansürlenmiş bir rol, nedeni de kolayca anlaşılabilir... Bununla birlikte Talmud da ondan bahseder, örneğin (mahkemenin kuruluşu hakkındaki) *Sanhedrin* makalesinde. Ama bu Talmud geleneğinde bile, Rabbi X'in okulunda Mesih'in adının X, Rabbi Y'nin okulundaysa Y olduğu söylenir. Başka deyişle, herkeste Mesih olma yeteneği mevcuttur; "Mesihlik" tek kişiye ait bir nitelik değildir.

— *Öyleyse, "Mesih" sözcüğünün anlamı nedir?*

— Bu sözcük, İbranice *maşşiyah* sözcüğünün çevriyazımıdır; kökü "ovmak, sıvazlamak, "meshetmek"" anlamını taşır. Mesih, "meshedilmiş", yani [bir maddeyle] ovulmuş, demektir. Kitabı Mukaddes geleneğinde, krallar böyle "meshedilir". Kral seçilen kişi, ancak başı peygamber tarafından yağla "meshedildikten" sonra gerçekten kral olabilir. Böyle başına yağ sürülen ilk kral, Saul'dur; ardından Davud, Süleyman vb. gelir. Demek ki "Mesihlik" her şeyden önce siyasal bir boyut kazanmaktadır. Yahudi halkı için Mesih çağı, toprağına, siyasal özgürlüğüne ve "Meshedilmiş Kral" diyeceği bir siyasal öndere kavuştuğu zaman gelmiş olacaktır. Rav Kook gibi bazı düşünürlerin 1948'de İsrail devletinin ortaya çıkışını neden Mesihlik bir olay olarak gördüklerini hemen anlayabilirsiniz.

— *Tanrı'nın İbrahim'e vaat ettiği kutsamadan itibaren, İsrail halkının bütünüyle Mesihlik niteliğine sahip olduğu söylenemez mi?*

— Hayır, halk Mesih değildir. Belki tüm insanlık için bir tür Mesih olabilir, ama bu da Mesihliğin Hıristiyanca tasarlanışından doğma bir imgedir. Yahudilik bu Mesih olayını tarihin sonuna yerleştirir; bunun insanlık tarihinde gerçekleşmesi, ilahi sözün nihayet dünyada barışçı ilişkiler düzenini ve iyiliğin egemenliğini kurduğu an olarak görülür. Fakat bu fikir, Tevrat'ta ve Yahudi geleneğinde tanıklanmayan bir yorumdan ibarettir.

— *Ama Talmud, İsa'dan bahsediyor!..*

— Evet, ama pek az Yahudi bunu bilir, çünkü Talmud 1123'te Kilise tarafından sansürlenmiş ve İsa'dan bahseden metinlerden arındırılmıştır. Elimizdeki versiyonlarda artık bu metinler yoktur. Talmud İsa'dan, Tanrı veya Mesih olarak değil, bir Mişna bilgini olarak söz eder. Kendi okulunu kurmuş, kendi çömezleri (havarileri) olmuş, ama mesajı çizgisinden saptırılmış bir üstat... Dediğim gibi, Talmud tarihle pek ilgilenmez, buna karşılık tarihsel olaylara tepki verir. Dolayısıyla, İsa'nın ve Hıristiyanlığın kuruluşunun oluşturduğu olaya, ve özellikle bu "Mesih" olayına da tepki vermiştir. İsa'yla birlikte bu fikir manevi ve teolojik bir anlam kazanmıştır; oysa Yahudilerdeki anlamı siyasaldı; "meshedilmiş" olan, kraldı. Ortaçağda Maimonides şöyle yazıyor: "Mesih bir insan değildir; insanlığın, Tanrı sözünün, peygamber sözünün ritmine göre yaşayacağı bir devirdir." (ve İşaya kitabının 11. bölümündeki, kurtla kuzunun, aslan yavrusuyla buzağının, engerekle çocuğun... barış içinde bir arada yaşayacaklarına dair pasajı zikrediyor).

— *Ama daha geç dönemlerde, XVI. yüzyıl Yahudiliğinde (hatta bazen bugün bile), bir insan Mesih'in gelişi bekleniyormuş gibi bir görüntü de yok değil...*

— Gerçekten de, İsa beklenen Mesih değildi, ama bir insanın Mesih olabileceği fikri de hayli yol aldı. Bu fikir daha ziyade Yahudi tarihinin karışık ve çalkantılı dönemlerinde, bir teselli ve bir umut olmak üzere, ama her zaman siyasal boyutuyla birlikte ortaya çıkar. Böyle anlarda kimi rabbiler Mesih'in, bilgisi ve Kabala'yı yorumlama gücü sayesinde, tüm Yahudi kavminin İsrail toprağını yeniden bularak barışa kavuşmasını sağlayacağını umar ve beklerler.

Yahudi tarihinin en ünlü Mesihi ya da sahte Mesihi, Sabatay Zevi'dir; XVI. yüzyılda kimi Yahudi cemaatleri nezdinde kazandığı başarı olağanüstü olmuştur; hatta bazı Amsterdamlı Yahudiler gidip ona katılmak için malmülklerini satıp gemiler donatmışlardır. Fakat hikâyenin sonu pek iyi gelmedi: Sultan tarafından tutuklanan Zevi, dininden dönüp Müslüman olmak zorunda kaldı. Fakat bu acıklı sona ve dinden dönme olayına karşın, bazı Yahudi toplulukları kendilerini onun müritleri saymaya devam ettiler. Bu da, özellikle bunalım dönemlerinde, bu Mesih fikrinin ya da umudunun insanlar üzerindeki gücünün ne derece büyük olduğuna tanıklık eder.

— *Bu ölçüsü kaçmış Mesih inancı, çeşitli dini köktenci ya da fanatikleri akla getiriyor. Yahudilikteki açılım ve yorumlama özgürlüğü hakkında bütün söylediklerinize karşın, bu din de aynı köktencilik olgusunun dışında kalamıyor galiba?..*

— Günümüzde, *mitsvot*'u (*mitsvah*'ları, Tevrat'ın buyruklarını) harfi harfine uygulamak suretiyle, tüm hayatlarını Yahudi Yasasını merkez alarak düzenlemeye karar vermiş bazı periferik Yahudi toplulukları vardır. Sayıca nispeten azlık olsalar da, cemaatin kenarındaki "saçağı" oluşturan bu gruplar günümüz Yahudiliğinde önemli bir dinsel ve siyasal yer tutarlar. Bana sorarsanız, "köktencilik" ya da "fanatizm" bunları adlandırmak için uygun ve doğru terimler değildir. Bunlar daha çok, metinlere ve onların Talmudcu yorumlarına harfiyen uyacak bir hayat tarzı peşinde koşan, bizim "ortodoks" dediğimiz türden insanlardır.

Kaldı ki, bu ortodokslar bile Yasa'yı bir "dogma", kesin ve değişmez bir hakikat olarak görmezler. Onlar için Yasa, açılım ve evrimlere izin veren bir "norm"dur sadece. Gerçi bu evrimler gözle görülmez, çünkü modernliğin meydan okumalarına açıktan karşı koymayı reddederler. Dışardan bakınca, yaşam tarzlarında her şeyin donmuş olduğu izlenimi uyanır. Fakat onlarda, Yasa'yı uygulamayan ya da farklı uygulayan, liberal veya başka görüşlerdeki öteki Yahudilere karşı şiddete başvurmak yoktur. Söz konusu ortodokslar elbette, kendilerinin aksine Yasa'yı çağdaş dünyanın sorunlarına ve ihtiyaçlarına uyarlamaya çalışan ötekileri tanımazlar. Fakat her iki grup da Fransa Yahudi cemaatine mensup olup, Yahudiliğin aynı kurumlarına bağlıdırlar.

Köktenci davranış tehlikesi ancak siyasalla dinsel birbirinden ayrılmaz olduğu zaman ortaya çıkar. O zaman dinsel öğe kendi görüş tarzını dayatmaya, yani somut olarak Yasa'nın uygulanmasını zorla kabul ettirmeye ve başkalarının üzerinde psikolojik baskı ve manevi şiddet uygulamaya kalkışabilir. Ama ben İsrail'de bu noktaya gelinebileceğini sanmıyorum.

GÜNÜMÜZDE YAHUDİLİK DURUMU

— *İsrail devletinin yaratılmasında Mesihlik bir olay görenlerden söz ettiniz. Fakat bu olay dehşetten insanın kanını donduran başka bir olayın ardından geliyordu: Şoah. Hatta Yahudiler bu toplu kıyımda bir halk olarak yok edilirken Tanrı'nın nerede olduğunu soranlar bile olmuştu. Size göre Tanrı, eğer var idiyse, böyle bir şeye nasıl izin vermiş veya göz yummuş olabilir?*

— Sizin gibi ben de bu soruyu soruyorum kendi kendime! Üstelik soruların ardı arkası kesilmiyor! Auschwitz'i nasıl anlamalı? Yahudi kavminin binlerce yıllık ve çoğun trajik tarihinde bu Büyük Kıyım'ın yeri nedir? Auschwitz'den sonra Yahudi halkı için umut olarak ne kaldı? Yok olanlar arasından bir "kalan"ın geri geleceğini haber vermek üzere bir peygamber çıktı mı? Laikleşmiş bir Yahudi hâlâ Yahudi cemaatine mensup olmak isteyebilir mi? Yok edilmiş ve artık bir daha anılmamak üzere unutulmuş olanların anısına törenler düzenlemek biraz gülünç kaçmıyor mu? Yahudiliği filan boş verip bu defteri kapanmış felaketli geçmişi unutmak daha iyi olmaz mı?..

— *Bu sorulara ne yanıt veriyorsunuz?*

— Hayır, Auschwitz'i unutamayız, bu günahtan da öte bir "küfür" olur. Zira biz, bugünün ortasında, var edici bir deneyimi hâlâ koruyoruz: Biz, dün olduğu gibi bugün de, İbrahim'in zürriyetiyiz. Nazilerin yok etmek istediği zürriyet...

— *Ama, Auschwitz olayı tek mi?*

— Auschwitz'de bir çocuğun ölümünün Hiroşima'da, Ruanda'da ya da dünyanın herhangi bir yerinde başka bir masum çocuğun ölümünden farklı olmadığını ilk söyleyecek olanlar bizleriz. Fakat bunu demekle birlikte, Auschwitz olayını insanın dünyada çektiği "genel acılar"la özdeşlemeyi de reddetmeliyiz, "Yahudi "partikülarizmi"" ile suçlanmak pahasına da olsa!..

Tanıksız ve bağışlamasız bir felsefeyle aramıza bir mesafe koymalıyız. Bugün, etiğin tanıklığını yaparak ve böylelikle

–çağdaş Yahudi filozof Emil Fackenheim'ın deyişiyle– Hitler'e "ölüm-sonrası zaferler" armağan etmeyi reddederek, bu öngörülemez ve anlaşılamaz olayın tanıkları olmalıyız.

— *"Tanrı'nın geleceğini" nasıl görüyorsunuz?*

— Bütün bu konuşma boyunca, Tevrat'ta kendini açınlayan Yahudilerin Tanrısının bizleri etiğe, iyiliğe, Öteki'nin suretine saygıya, doğruluğa ve sorumluluğa adadığını göstermeye çalıştım. İnsan bu sorumluluktan kaçınabilir, çünkü yapacağını yapabilen sadece odur. "Seçilme"nin anlamı budur: İnsan için... ve Tanrı için de, sonsuz bir sorumluluk!

Filozof Hans Jonas'ın sözlerini aynen benimsiyorum: "Oluş halindeki dünyaya kendini tamamen verdikten sonra, artık Tanrı'nın verecek hiçbir şeyi kalmadı. Şimdi sıra insanın ona bir şeyler vermesinde. İnsan bunu, hayatının iniş-çıkışlı yolunda giderken –kendisi yüzünden– Tanrı'yı bu dünyanın var olmasına izin verdiğine pişman edecek durumların olmamasına, ya da çok sık olmamasına dikkat ederek başarabilir!"

HIRİSTİYANLARIN TANRISI

JOSEPH MOINGT

TANRI'NIN SAĞINDA OTURAN MESİH

— *Hıristiyanlar bir insan olan İsa'yı Tanrı'nın Oğlu sayarlar. İsa'nın kendisi İncillerde kendini böyle mi tanıtmıştır?*

— Hayır, ama bu, Hıristiyanlarda da dahil, genelgeçer bir kanıdır. Buna göre, İsa adında bir adam, Tanrı'nın Oğlu olduğunu ve Tanrı'da da Baba, Oğul ve Ruhulkudüs [Kutsal Ruh] olmak üzere üç "kişi" [veya kişilik] bulunduğunu haber vererek, Filistin'in her yanını dolaşmışmış. Oysa olaylar böyle geçmedi. Hıristiyanlığın kökeninde iki olay yer alır: İsa'nın dirilişine iman ve Paskalya'da Diriliş'in ellinci günü [Pentecôte]* Ruhulkudüs'ün, yani Tanrı'nın varlığının ve gücünün, bağışlanması. O gün, –simgeleri alev ve rüzgâr olan– Kutsal Ruh, Kudüs'te toplanmış bulunan havarilerin gönüllerine yerleşerek onlara, birlikte dolaştıkları ve artık ölmüş olan o adamın, "Baba'nın sağında" oturduğunu anlatır, kavratır. Onlar için bu imge çağrıştırıcıdır, zira Yahudi Kutsal Yazılarından alınmadır (110. Mezmur, 1. dize: "RAB, Rabbime dedi: [...] benim sağımda otur!"); ve –henüz Yahudi olan– ilk Hıristiyanlara her türlü felsefi veya teolojik düşünceden, İsa'nın kişiliğine dair herhangi bir bilinçli sorgu-

---

* Paskalya'dan sonraki yedinci Pazar günü (Ölüm'ün *ellinci* günü) kutlanan ve Kutsal Ruh'un insanların üzerine "inmesinin" anıldığı yortu. – ç.n.

lamadan önce, hemen bir çeşit apaçık gerçek olarak kendini kabul ettirmiştir.

— *İsa, Tanrı'nın Oğlu... Bu, söz konusu kişinin "Çile"sinden [Passion: yargılanıp işkenceyle öldürülme] ve dirilmesinden doğmuş bir fikirdir, diyorsunuz. Yani olaylardan sonra, İsa'nın kendisi bunu telkin etmeksizin...*

— Tabii, elbette olaylardan sonra! Havarilerin ve ilk Hıristiyanların içten inandıkları ve hayatlarını baştan başa değiştiren o İsa'nın dirilmesi olayıdır, her şeyi başlatan. Bunlar İsa'nın hayatını ve öğretilerini bu olaydan yola çıkarak yeniden "okumuşlardır". İnciller de bu olaydan itibaren önce sözlü olarak ortaya çıkmış, ardından yazıya geçirilmiştir. Dolayısıyla, bugün de onları aynı olaydan yola çıkarak okumak gerektir. Hıristiyan olsun olmasın, birçok kişi bu okuma kuralından habersizdir; biraz eleştirici zihniyete sahipseler, [bu metinlerdeki] bazı pasajlara gelince kafaları karışıp duraklarlar; değillerse, İsa'nın dünyaya gelip Tanrı olduğunu ilan ettiğini sanır ve söylerler.

— *Böyle olmamış mıdır?*

— Hayır, olay böyle olmamıştır. İsa'yla birlikte gezen ilk tanıklar hiç kuşkusuz onun yaşayışından, öğretisinden, eylem ve sözlerinden etkilenmişlerdir. İnciller birçok yerde onun, gerek Yahudi cemaatinin ileri gelenlerine gerek işgalci Romalılara karşı söz ve eylemlerinde gösterdiği dik başlı serbestlikten, dobra dobralıktan söz ederler. Birkaç kez, "otoriteyle konuştuğu" belirtilir; bütün bunlar ilk müritlere çarpıcı gelmiştir. Fakat onlar için asıl belirleyici, karar verdirici olan, İsa'nın "ölüler arasından dirilişi"dir; bu olay onların, "bir peygamber, hatta peygamberden de öte bir şey" karşısında bulunduklarını anlamalarını sağlar.

DÖRT İNCİL, BİR TEK MESİH

— *İsa hakkında tam olarak ne biliyoruz? İncillerdeki tarihsel hakikat payı nedir?*

— XX. yüzyılın en büyük tefsircilerinden Rudolf Bultmann, 20'li yıllarda, şöyle demiştir: "İsa'nın "tarihi" üstüne artık hiçbir şey bilemeyiz desek yeridir." Kendi fikri olarak da, "tarihteki İsa" –yani yaşamöyküsünün somut ayrıntıları– hakkında herhangi bir bilgi edinmeye çalışmaktan tamamen vazgeçmek gerektiğini ilave ediyordu. Onun var olmuş olduğunu bilmek yeterdi. Bu son nokta hakkında hemen hemen söz birliği derecesinde bir uzlaşma mevcuttur. İsa'nın, Tanrı'nın Oğlu ve Kurtarıcı olduğuna inanmak ve bundan, hayatımız için gerekli sonuçları çıkarmak: Esas olan budur. Başka deyişle, buna göre İncillerin tarihsel hakikatı konusu tamamen ikincil bir sorun olacaktır. Önemli olan, "İsa olayı"nın anlamıdır.

Ancak, günümüzde yorumcular, İncillerde anlatılan olayların hakikat olup olmadığı konusunda Bultmann'a göre çok daha yumuşak görüşlere sahiptirler. Bunların olaylardan sonra, İsa'nın dirildiğine ve "Tanrı'nın sağında oturduğuna" iman duygusu içinde yazıldığı kabul edilmekle birlikte, birçok ayrıntının doğru olduğu, yani İsa dönemi Filistini konusunda en tanınmış tarihçilerin dediklerine uyduğu anlaşılmaktadır. Hatta bugün, Yeni Ahit'i oluşturan yazıların (İnciller, Resullerin İşleri, Paulus'un, Petrus'un vb. Mektupları...) "ahitler-arası" denen (Eski ve Yeni Ahit ya da, bugün yeğlendiği gibi, Birinci ve İkinci Ahit arasında yaşanmış olan) Yahudiliğin anlaşılması için en güvenilir kaynaklardan biri olduğu düşüncesi yaygındır. Söz konusu dönem kabaca MÖ 200 ile MS 100/150 yılları arasında yer alır.

— *Her şeye karşın, bütün bu metinlerin, ilk Hıristiyan cemaatlerinin kaygılarına yanıt olmak üzere yeniden düzenlenmiş ya da uydurulmuş olduğu söylenemez mi?*

— Bir tarihsel anlatı nedir ki? Tarih nasıl yazılır? Asıl sorulması gereken doğru sorular işte bunlardır. XIX. yüzyılda çağdaş tarih biliminin kurulmasından beri bu konuda yüzlerce kitap yazılmıştır. Bugün, Fransız Devrimi'nin, I. Napolyon'un ya da Jules Ferry döneminin birkaç "bilimsel" tarihini okuyabilirsiniz; bunların hepsi de "bilimsel" olmakla birlikte, aralarında bazen derin ayrılıklar olabilir. Bu ne demektir? Hepsi yanlış mı? Hayır, hepsi de "doğru"dur! Hepsi de, farklı bakış açılarından, Fransız Devrimi'nin, Napolyon'un ya da Jules Ferry'nin anlaşılmasını sağlayacak esaslı katkılar ortaya koyarlar. Şöyle de diyebiliriz: Geçmiş, adı üstünde, geçmiştir, yok olmuştur; onun ancak yorumu yapılabilir.

Kaldı ki, İncil yazarlarının, antik dönemin bütün tarihçileri gibi, böyle modern bir "bilimsellik" iddiaları da yoktu. Ayrıca onlar bir mesaj aktarmak da istiyorlardı. Bugün, İsa'nın nasıl yaşadığını ve nasıl konuştuğunu, hayattayken insanlarca nasıl algılandığını, oldukça gerçeklere sadık biçimde anlatmış oldukları konusunda geniş bir uzlaşım vardır. Taptaze inançlarını ve bunun verdiği coşkunluğu düşünürsek, pekâlâ anlatılarını olağanüstü hayal ürünü öğelerle şişirebilirlerdi, hatta şişirmeleri beklenirdi. İsa'yı mucizeleriyle kalabalıkları büyüleyen bir tür yarı-tanrı olarak sunabilirlerdi, sunmalılardı. Oysa bunu yapmadılar. Yazdıkları metinler, daha baştan Diriliş'e imanlarının damgasını taşıyan yorumlar olsalar bile, genel olarak böyle öğelerden oldukça arınmış düz ve yalın anlatılardır.

Bugün bile bazı kişiler, Yaradılış'ın hikâyesi (Tekvin kitabı), Mısır'dan çıkış (Huruç kitabı), İsa'nın çocukluğu (örneğin Luka'nın anlattığı üzere) gibi olayların Kitabı Mukaddes'te anlatıldığı şekilde geçmediğini öğrenince şaşırıyorlar. O zaman ilk tepki şöyle dile geliyor: Demek ki Kitabı Mukaddes'te anlatılanlar yanlışmış!.. Ama bu, asıl önemli öğenin yanından geçen ve bu metinlerin Tanrı hakkında ve Tanrı'nın insanlara vahyi konusunda bize söylemek istediklerini gizleyen, gayet dar görüşlü bir yaklaşım olur.

— *Dört İncil'in, yani İsa'nın hayatının ve öğretisinin dört ayrı anlatılışının mevcut olması çelişki yaratmıyor mu?*

— Hayır, hiç yaratmıyor. Her İncil yazarı kendi mensup olduğu Hıristiyan cemaatinin kıssalarını ve kaygılarını yansıtıyor. Dört versiyon arasında elbette birçok farklar bulunuyor, ama bu konuda da, bana göre, çizdikleri İsa portresindeki genel uyuşum, uyuşmazlıklara oranla çok çok üstün durumdadır.

KIRK YIL AŞAĞI, KIRK YIL YUKARI

— *Sık sık ve sürekli olarak, İncillerin yazılış tarihleri sorgulanır. Bu konuda neler söyleyebilirsiniz?*

— Hemen hemen iki yüzyıldan beri, gerek Protestan gerek Katolik yorumcular, İncillerin en küçük ayetine, en küçük sözcüğüne varıncaya kadar her şeyini, aynı zamanda tarihsel, coğrafi, dilbilimsel bağlamlarını didik didik ettiler. Araştırmacılar arasında, gayet açık ve net kanıtlara dayalı belli bir oylaşıma varıldı. Buna göre, (benzerlikleri ve uyuşumları nedeniyle) "sinoptik" denilen üç İncil –Matta, Markos ve Luka İncilleri– son ve kesin biçimleriyle, 70-80 yıllarından kalmadır. Yuhanna İncili'nin kesin metni ise 100 yılı dolaylarında tamamlanmış olmalıdır. Demek ki ilk İncil (olasılıkla Markos'unki) İsa'nın ölümünden (yaklaşık MS 30) en az 40 yıl sonraya aittir.

Bu gecikme, İncil uzmanları da dahil bazı kimseleri rahatsız etmekte, ve bunlar üç İncilin, özellikle Markos'unkinin, yazılış tarihini 40 yılı dolaylarına, yani İsa'nın ölümünden ancak 10 yıl sonraya yerleştirmektedirler. Böylece, fazla geç yazıya geçirilmiş olmaktan ötürü –onlara göre– tehlikeye giren imanı kurtardıklarını düşünmektedirler.

— *Ama bu kaygıları pek de yersiz görünmüyor!..*

— Sandığınızdan daha az yerinde!.. Ben burada, elle tutulur kesinliklere ihtiyaç duyan "fondamantalist" bir eğilim görüyorum. Bunlar Hıristiyanlığı bir geleneğin (ilk cemaatlere ağızdan aktarılıp sonra İncil yazarları tarafından yazıya dökülen, İsa'nın havarilerinin geleneğinin) üzerine değil, doğrudan doğruya metinlerin üzerine kurmak istiyorlar. Metinleri, İsa'nın ortadan kayboluşundan birkaç yıl sonra onun sözlerini olduğu gibi yansıtan, ya da İsa'nın sözlerini söyledikleri anda kaydetmiş veya onun hayatının olaylarını dolaysızca anlatmış tanıkların söylediklerini aktaran belgeler olarak görüyorlar. Yani bir bakıma, sanki elimizde İsa'nın söylediklerinin bir bant kaydı varmış gibi, bugünkü deyimle, onunla bir röportaj yapılmış gibi... Bu görüşü benimseyenler böyle-

ce imanı güvenceye aldıklarını ve kuvvetlendirdiklerini düşünüyorlar.
— *Belki de haklıdırlar, olamaz mı?..*
— Tutumları iki sorun gündeme getiriyor. Önce tarihsel sorun: Tarihçiler ve araştırmacılar ezici bir çoğunlukla bu erken yazılış tarihini kabul etmiyorlar. Sinoptik İncillerde 60-70 yıllarına ait olayların izlerini, ya da metinler arasında nispeten önemli aykırılıklar buluyorlar. Bunlar ancak, olaylarla onların yazılışları, en azından kesin biçimleriyle kaleme alınışları arasında belli bir süre, aşağı yukarı yarım yüzyıl kadar bir ara kabul edildiği takdirde açıklanabiliyor.

İkinci sorun daha teolojik nitelikte: İnsanın, imanını tarihsel türden kanıtlar üzerinde temellendirmeye ihtiyacı var mıdır? Biz Hıristiyanlar için, İsa'nın gerçekten yaşamış olduğunu bilmek elbette temel önemdedir. Fakat, geri kalanlar için, biraz önce adını andığım Bultmann'a, ya da çok büyük bir Protestan ilahiyatçı olan Karl Barth'a hak vermek gerekmez mi? Her ikisi de Hıristiyanları ne pahasına olursa olsun [tarihsel] kesinlikler, güvenilir metinler, çürütülemez tanıklıklar aramamaya teşvik etmişlerdir. Onlara göre –ki haklıdırlar– iman, Tanrı Sözü olarak İncil'e imandır, başka şeye gerek yoktur.

Hatta Barth daha da ileri gidiyor ve şöyle diyordu: Hıristiyanların ellerinde [İsa'ya ilişkin] hiçbir tarihsel kesinlik yoksa, ne âlâ! Güvenleri sarsılmışsa, ne âlâ!.. Bu sayede imanları daha "saf" olacaktır! Bu noktada, bana sorarsanız, fazla ileri gitmiş oluyordu. Hıristiyanların tarihsel araştırmalara ilgi duymaları normaldir. İmanla, inandığını anlamaya çalışan akıl tamamen birbirinden ayrılamaz. Yorumcuların ve tarihçilerin, Diriliş'e imanın hangi tarihsel ve kültürel bağlamda doğmuş olduğunu açıklamaları normaldir.

YUNAN ETKİSİ

— *Yeni Ahit'in tarihsel ve kültürel bağlamı ve ortamı bugün daha iyi biliniyor mu?*

— Evet, İsa'nın yaşadığı dönemdeki Yahudiliğin ne derece "Helenistik" Yunan kültürünün etkisinde olduğunu biliyoruz. Az önce sözünü ettiğimiz "fondamantalistler" İncillerin, özellikle de sinoptiklerin, önce İbranice yazılıp sonradan Yunancaya çevrildiğine inanırlar. Bugünse araştırmacılar daha ziyade bunların doğrudan doğruya Yunanca yazıldıkları görüşündedirler. Elbette bu durum, metinlerde birçok İbrani ve Arami izlerinin bulunmasına engel değildir, İsa'nın kendisi de bir İbrani lehçesi olan Arami dilini konuştuğuna göre... Aykırı bir düşünce ama, önce Arami dilinde yazılan İncil'in, en geç yazılmış olan –Yuhanna İncili– olması mümkündür.

Bu durum, Hıristiyan olan ilk Yahudilerin Helenistik kültürden yetişmiş oldukları anlamını içerir. Bunlar Yunanca konuşuyorlardı; dolayısıyla, Yahudi kutsal metinlerini de Yetmişler [*Septante*] versiyonu denen Yunanca çevirisinden okuyorlardı. Diaspora'nın kültürlü Yahudileri de bu Yunanca Kitabı Mukaddes'i okuyorlardı. Gerçi bu Kitap'ın içeriği tümüyle Yahudiydi, ama bir dil her zaman belli bir kültürü taşır. Tercüme edilen sözcükler yeni anlamlar kazanır. Örneğin, Kitabı Mukaddes'in "bilgelik" kitaplarında o denli sık rastlanan "bilgelik" [*sagesse*] sözcüğünü ele alalım. Yunancada bu sözcük *sophia* olur, ve okura bütün Yunan felsefi geleneğinin, *philo-sophia*'nın, kapısını açar.

Tanrı'nın "söz"ünün [*kelam*'ının] çevirisi olan ve Mesih'i ifade etmek üzere Yuhanna İncili'nin başında yer alan *logos* sözcüğü için bu, daha da geçerlidir. "Söz, söylem" ve "akıl" anlamlarına gelen bu Yunanca kelimeyle birlikte, bütün Yunan düşünce geleneği de Hıristiyanlığa girer. İsa'yla çağdaş büyük Yahudi filozof Philon veya Paulus ya da Yuhanna İncili'nin yazarı, hep Yahudidirler. Fakat kültürleri, sözcükleri ve kavramları Helenistik bilgelik ve kültürün damgasını taşır. Gerek Philon'la Paulus, gerek Philon'la Yuhanna arasında apaçık bağlantılar vardır. Bugün, Philon'un bir tür "Hıristiyan Yahudi" olduğu kabul edilmektedir.

YAHUDİ İSA

— *"Hıristiyan Yahudi" dediniz; demek ki Yahudilikle Hıristiyanlık arasında bir kesintisiz geçişten söz ediyorsunuz. Bu açıdan, İsa'nın kendisi hakkında ne söylenebilir?*
— Birinci kesintisizlik, doğal olarak, İsa'nın da Yahudi olmasıdır. Günümüzde de, Hıristiyanlar arasında, İsa'nın "Yahudiliği" sık sık söz konusu edilmektedir. Bunun nedeni sadece, Yahudilere karşı düşmanca duygular uyandırabilecek her şeyden kaçınma isteği gibi oportünist bir kaygı değildir; bilimsel araştırmalar da eski Yahudilikle eski Hıristiyanlık arasında birtakım köprüler kurmuş, ya da var olanları meydana çıkarmıştır.

— *"İsa Yahudi idi." Bu cümle aynı zamanda İsa'nın "Hıristiyan" olmadığı anlamına da geliyor mu?*
— Elbette. Luther'in dediği gibi, İsa Yahudi doğmakla kalmadı, Yahudi olarak öldü de. Başka deyişle, İsa'nın kendisi atalarının dininden köktenci bir kopmaya sebep olmayı asla düşünmemiştir. Gerçi, onun "ataların geleneği" dediği şeyle arasında birtakım sürtüşme nedenleri olmuş olabilir. Dört İncil yazarının en "Yahudi"si olan Matta'da bile, örneğin yazıcılara [devlet memurlarına] ve Ferisilere* karşı okuduğu lanetlerde (23) böyle öğelere rastlanıyor. Bundan başka, Tapınak ve rahiplerin rolleri konularında da gerginlikler olmuştur. Fakat bugün biliyoruz ki, o zamanın Yahudiliğinde uygulanan tapınma âdetlerini eleştiren sadece İsa değildi. Ünlü elyazması belgeleri 1947'de Kumrân mağaralarında bulunmuş olan Essenliler [*Esséniens*] cemaati gibi başkaları da, Tapınak'la ve Kudüs'teki ruhban sınıfıyla aralarına mesafe koymuşlardı.

Her ne olursa olsun, İsa Yahudilikten kopmuş ayrı bir din kurmayı düşünmüyordu. Ağzından hiç düşmeyen, kendi deyimiyle söylersek, "Tanrı'nın melekûtu"nu [krallığını] bekli-

---

* *Pharisiens:* "Talkını verip salkımı yiyen" sözde sofular. Zamanın Yahudi "burjuvazisi". – ç.n.

yordu. Buna karşılık, onun bu bekleyişi ve beklentisi, zamanın Yahudilik kurumları karşısında insanlarda eleştirici bir tutum uyandırıp besliyordu.

— *Yani demek istiyorsunuz ki, İsa'nın çağında, resmi Yahudiliği, Kudüs Tapınağı'nın ve Yasa'nın çevre ve çerçevesinde yaşanan Yahudiliği, tartışan ve eleştiren başka odaklar da vardı, öyle mi?*

— Evet; bu Yahudilik hızlı evrim halinde, kabuğunu kırmış, Yunan düşünce ve kültürüne son derece açık bir Yahudilikti. Unutmamak gerek ki Filistin (o zamanlar ülkenin adı bu değildi, böyle konuşmak bir anakronizmdir) üç yüzyıldan beri önce Yunan sonra da Roma işgali altında bulunuyordu (MÖ 332'de İskender'in orduları tarafından işgal edilmişti). Eskiden Diaspora Yahudiliği (Helenistik dil ve kültürün damgasını taşıyan, İmparatorluk'un her yanına dağılmış Yahudilerin dini) ile, İbrani ya da Arami dil ve kültürüne bağlı Filistin ve Kudüs Yahudiliği arasında çok net bir ayrım yapılıyordu. Bugünse, bu ayrımı pek fazla katılaştırmamak gerektiği düşünülmektedir.

Nitekim, gidişatın zorlamasıyla, her tarafı kuşatan bir paganlık ortamında, daha evrenselci bir açılım sorunu, Kudüs'teki de dahil bütün Yahudiliğin karşısına dikiliyordu. Bu kaygı Eski Ahit'in son kitaplarında, örneğin Yunanca yazılmış olan Bilgelik [*Sagesse*]* kitabında göze çarpar. Bundan başka, Yahudi vaizlerin kültürlü paganlar arasından mümin toplama *[prosélytisme]* çabaları da çok başarılı oluyordu. İsa'nın da, adeta kendini aşma yolunda bulunan bu evrenselliğe eğilimli Yahudiliğin çekim alanına kapılmış olduğu hemen hemen kesin olarak söylenebilir. "Kendini aşma" terimini kullanmakla bir değer yargısı vermiş olmuyorum; sadece, o sıralarda bir evrensel din haline dönüşmekte Yahudiliğin de Hıristiyanlık kadar şansı olduğunu belirtmek istiyorum. Tarihsel, kültürel ve daha özel olarak dinsel koşullar ne-

---

* Bu "kitap", Kilise'nin resmi derlemesinde (*canon*) yer almaz; "*apocryphe*", ya da "*deutérocanonique*" (ikinci *canon*'a dahil) sayılır. – ç.n.

deniyle, başka bir yol tutuldu: 70 yılında Kudüs'ün zaptı, Tapınak'ın tahribi ve Yahudilerin dağıtılmasından sonra, cemaat bu kez Tevrat'ın ve tefsirinin, yani çok daha "özleşmeci" ve dışlayıcı olan ulema ve Talmud Yahudiliğinin, çevresinde yeniden oluştu.

— *Ama ne de olsa İsrail'de, ve bizzat Tevrat'ta da, belli bir evrenselcilik vardı, değil mi?*

— Evet, ama hâkim fıkir, sanırım, bir gün bütün putataparların Kudüs'e, Sion tepesine gelip Tapınak'ta Kitap'ın Tanrısına tapacakları şeklindeydi. Bu "içerici" [içine alıcı, *inclusif*] bir evrenselciliktir. İsa'nın vaazlarında ise Tanrı herhangi bir yere, ülkeye, dile, vb. bağlı olmayacaktı. Bu da "genişleyici" [yayılıcı, *extensif*] diyebileceğimiz bir evrenselciliktir.

— *Ama uyandırmak istediği bu "Yahudiliğin kendini aşması" hareketinde, İsa'yı pek çok kişi izlemedi galiba!..*

— Esas önemli olan, İsa'nın Tapınak'a, Yasa'ya, hatta ruhban önderlerine ve yazıcılara yönelttiği sert eleştiriler değildir. Dediğim gibi, bunları söyleyen yalnız o değildi. Buna karşılık, asıl "kendini aşma" olayına, –herkese, sadece Yasa'ya bağlı "doğru" Yahudilere değil, günahkârlara, hatta putataparlara bile açık– bir "Tanrı'nın (ya da göklerin) melekûtu" konusundaki öğretisiyle tanık oluyoruz. Hatta bu son iki kategori bu "krallıkta" en baş yeri bile alabileceklerdir!

Ama bu bile, özünde henüz bir Yahudinin vaazından ibaretti. Asıl yol ayrımını getirecek olan, İsa'nın ölümü ve dirilmesi ile, bu iki olay üstüne yapılan düşünme etkinliğidir. Paulus, İsa'yı öğretisini yayarken –kendi yazdığına göre "teninde"– tanımamış olan Aziz Paulus da özellikle bu noktada devreye girer.

YAHUDİLİKTEN KOPUŞ

— *Demek ki, söz konusu kopmayı gerçekleştiren Paulus oluyor?..*

— Evet. Paulus, İsa'nın ölümü ve dirilişi olayını, İbrahim'e yapılan vaatlerin herkesi kapsaması, Tanrı'nın "Melekûtu"-nun putatapanlar dahil herkese açılması olarak yorumlamıştır. İsa, Yahudi olsun pagan olsun herkesin kurtuluşu uğruna ölmüş ve dirilmiştir. Ama aslında Paulus İsa'nın öğretisini daha evrenselci bir çizgide sürdürmekten başka bir şey yapmamıştır. Bu anlamda İncil, yani İsa'nın getirdiği İyi Haber, daha o aşamada Hıristiyanlık sayılabilir. Bu artık ne yeni bir rit ve törenler bütünüdür, ne de öncekilere eklenen yeni ve ayrıntılı bir yasal kurallar bütünü; bu bir sevgi ve özgürlük mesajı, yeni bir "Tanrı'yı görme" biçimidir. Ve bu mesaj "sınırlar-aşırı"dır; eski kapalı toplumlara karşıt –bugünkü terimlerimizle "açık toplum" diyebileceğimiz– yeni bir topluma bir çağrıdır. Yahudilikten kopuşa neden olacak etmen işte bu tam ve kısıntısız açılıştır; ulema [rabbiler] Yahudiliğinin de, özellikle Roma'nın baskılarına tepki olarak gittikçe kendi içine kapanmasıyla, kopuş daha derinleşecektir.

Bana sorarsanız, Hıristiyan öğretisinin, İmparatorluk'un birlik ve bütünlüğü sayesinde zaten evrenselliğe açılmakta olan bir pagan dünyasının içinde başarıya ulaşması, sözünü ettiğimiz bu "açılış" zihniyetiyle açıklanabilir.

Paulus'ta da, diğer havarilerde olduğu gibi, Yahudi dininden çıkma duygusu yoktur. Kendisi her bakımdan Yahudi olarak kalır ve Yahudilerle Hıristiyanlar arasında barıştırıcı, ara bulucu bir rol oynamaya çalışır. Aslında, zaten bir dereceye kadar İsrail peygamberleri tarafından başlatılmış olan bu evrenselci (paganları da kapsayan) açılış zihniyetini korumak üzere, bütün Yahudileri birleştirmek emelinde olduğu söylenebilir.

— *Kopma noktası somut olarak nerede bulunabilir?*

— Bunu, Yasa'nın kimi unsurlarının, özellikle sünnetin, terk edilmesinde bulabiliriz. 50 yılı dolaylarında toplanan ve Resullerin İşleri kitabının 15. bölümünde ve Galatyalılara Mektup'un 2. bölümünde anlatılan Kudüs konsilinde, Kudüslü çevrelere mensup bazı Hıristiyan "eşraf", dine yeni giren paganlar için, sünnet dahil tüm Yahudi Yasasının ve ayrıca başka birtakım kuralların olduğu gibi korunması fikrini kabul ettirmeye çalışırlar. Paulus'la Yakub ve Petrus'u karşı karşıya getiren ve oldukça hararetli geçtiği anlaşılan bir tartışma sonunda, sorun şöyle çözülür: Dine yeni giren paganlar sünnet olmayacaklar ve Yasa'nın hükümleriyle bağlı tutulmayacaklardır. Böylece, putataparlara doğru kısıntısız açılışı sağlamak üzere, Yahudiliğin özelci ve dışlayıcı yönleri budanmış olmaktadır.

AÇILIŞ ZİHNİYETİ

— *Böylelikle, İsa'nın kendisiyle Yahudi ileri gelenleri, ya da Ferisi grupları arasındaki çatışmanın şiddetini azımsamış olmuyor musunuz?*
— Hayır. Bu çatışma şiddetliydi, bu doğru. Ve az önce sizin de belirttiğiniz gibi, İsa'nın ölümünü izleyen ilk onyıllarda Yahudilerle Hıristiyanlar arasında yapılan polemikler, İncillerin metinlerine de yansımış ve söz konusu çatışmanın şiddetini daha da artırmıştır. Fakat İsa'nın vaazları, polemik niteliğinde olsa da, Yahudiliğin çerçevesini aşmıyordu; İsa hayatı boyunca Yahudilikle bağını koparmadı.

İsa'nın, sözünü ettiğim evrenselci çizgi doğrultusunda, ulema [rabbiler] ve Talmud'a dayalı eğilimlerle arasına mesafe koymuş olması mümkündür. Örneğin, Matta İncili dışında, İsa'nın Yasa'yı pek az yorumladığı görülür; oysa rabbilerin çizgisinde bu yorum son derece önemlidir. Eski Ahit'ten de oldukça az alıntı yapar. Öğretisinde "sessiz" geçiştirdiği yerler vardır: Örneğin, İsrail'in geçmiş kahramanlıklarından pek söz etmez, buna karşılık Yasa'ya itaatsizliklerini, eski peygamberlerin sık sık öldürüldüklerini ya da baskı ve şiddete maruz kaldıklarını vurgular. Putataparlara doğru açılışını temellendirmek için, peygamber İlyaşa Peygamber'in, Yahudi olmayan Suriyeli cüzzamlı Naaman'ı iyileştirdiğini hatırlatır. Son Akşam Yemeği'ndeki konuşması hariç, "bağlaşım"dan bahsetmez; o yemekte sözünü ettiği de bir "yeni bağlaşım"dır. Çevresinde hiç de hoş karşılanmayacağına aldırmadan, günahkâr diye bilinen insanlarla düşüp kalkar. Yahudiliğin düşman kardeşleri Samiriyelilere sempati gösterir. Bir Levili (Tapınak hizmetçisi) ve bir rahibin aldırış etmeden yanından geçtikleri, yol kenarında yatan bir yaralıya bir Samiriyelinin yardım etmesini anlatan "İyi Samiriyeli" kıssası [meseli] bunun en ünlü ve en anlamlı tanığıdır. Pagan diyarlarına girişleri seyrek ve kısa süreli olsa da, Yahudi olmayan yabancılara karşı açıklık ve hoşgörü tutumundan hiç ayrılmaz.

Bazı yeni kavram ve anlayışlar getirdiğinin mutlaka bilincindeydi; bu, kullandığı ünlü benzetmelerde görülür: "Eski giysinin üzerine yeni kumaştan yama yapılmaz.", "Eski tuluma yeni şarap konmaz" vb. gibi. Şöyle denebilir: Tevrat'a öncelik veren rabbi Yahudiliğinin aksine, İsa, İsrail peygamberlerine ve onların –bazen Yasa'nın uygulanışlarını da eleştiren– vaazlarına daha bağlı gibi görünür.

— *Yine de, İkinci Ahit, Birinci'den pek çok alıntı yapıyor...*

— Elbette. Birinci Ahit'in kimi ayetlerinde ya da kimi simalarında, ilk Hıristiyanlar, İsa'nın kişiliğinin, doğuşunun, yaşantısının, ölümünün ve dirilişinin habercilerini veya ön-örneklerini görmüşlerdir. Kabul etmek gerek ki, bu temellendirme yolu çoğu kez zorlamadır, ve alıntılar da, çoğunlukla "duruma uysun" diye "çarpıtılmış" görünümdedir. Buna, "acı çeken kul" hakkındaki metinlerin (İşaya, 52 ve 53) İsa'nın Çilesi'ne uygulanışını örnek verebilirim. Bu metinler, her şeyden önce Tevrat'a (Kitabı Mukaddes'in, *Pentateuque* de denilen ilk beş kitabına) bağlı olan Yahudi uleması tarafından pek yorumlanmıyordu. Sinagoglarda, örneğin Paulus'la yaptıkları tartışmalardan, rabbilerin bu metinleri pek iyi bilmedikleri açıkça anlaşılmaktadır. Dolayısıyla, bu "kehanetlerde", İncillerin gerçekleşmesini gören Paulus'un yorumlarını reddediyorlardı.

— *Ama Paulus'un kendisi bir rabbi, ya da herhangi bir rabbi okuluna mensup ulemadan biri değildi...*

— Olabilir. Ne olursa olsun, uzun süre, rabbice yorum yöntemlerini kullanıldığı sanıldı. Halen, onun daha çok Helenistik kafa yapısı ve kültürü üzerinde durulmaktadır.

DİNSEL NEDENLERLE MAHKÛM EDİLMEK

— *Demek ki, İsa ile Yahudi ileri gelenleri arasında bir çatışma meydana geldi, bu çatışma gittikçe şiddetlendi, ve onun tutuklanması, yargılanması ve çarmıhta ölmesiyle sonuçlandı. Günümüzde bu olayın sorumluluğu Yahudilerle Romalılar arasında nasıl paylaştırılıyor?*

— İsa'ya çarmıha gerilme işkencesinin uygulanması kararı ancak işgalci yetkililerden, yani Romalılardan gelebilirdi. Fakat İsa'nın yargılanması ve öldürülmesi açıkça dinsel gerekçelerle olmuştur. Bunun tartışılacak tarafı yoktur. Bu nokta yadsınırsa, Hıristiyanlığın doğuşunu açıklamak imkânsızlaşır. Ölüme mahkûmiyet, İsa'nın öğretileri karşısında, Yahudi yetkililerin bir yanılgısı değildir.

— *Ama İsa'nın Çilesi'ni anlatan metinler şiddetle Yahudileri suçlamıyor mu?*

— Evet; ama unutmamak gerek ki, İncillerin yazılışı sırasında eski din ile yeni din, Yahudilikle Hıristiyanlık, arasındaki polemik bütün hararetiyle sürmektedir! Kaldı ki bu şekilde konuşmak bile bir anakronizmdir, zira o aşamada, yani İnciller yazılırken, söz konusu polemik Yahudilerin kendi aralarında, yani İsa'yı reddeden Yahudilerle onun Tanrı'nın "Resulü" olduğuna inanan Yahudiler arasında, bir polemikti. Ne yazık ki bugün bu polemiğin yalnız bir tarafından gelen bazı yankılara sahibiz. [İsa'ya inanmayan] Yahudi tarafının suçlamalarının ve eylemlerinin ne olduğunu bilmiyoruz. Tabii İsa'nın o korkunç ve aşağılayıcı öldürülüş biçiminde, bazen şiddetle karşı çıktığı Yahudiliğin dini önderleri büyük bir rol oynamışlardır. Bu anı, İsa'yı Mesih olarak (Tanrı'nın Yağla-Ovulmuş, "Meshedilmiş" Kulu olarak) görenlerin belleklerinde henüz pek tazeydi.

— *Tarihin daha sonraki akışında, İsa'nın ölümünden sık sık [hiç ayrım gözetilmeden] "Yahudiler" sorumlu tutulmuştur...*

— Pek tabii bu saçma, akıldışı bir suçlamadır; daha saçması da, ne yazık ki pek felaketli sonuçlar doğurmuş olan,

"Tanrı'yı öldüren kavim" suçlamasıdır. Ben bu olaydan dolayı Yahudileri, hatta Yahudi önderlerini bile suçlamıyorum; temsilcisi oldukları dini suçluyorum.

— *Yani Yahudiliği?..*

— Hayır, genel olarak *din*'i, bu noktayı ısrarla belirtiyorum. Bununla, dünyanın bütün dinlerinin birlikte getirdikleri kolektif zihniyet ve kafa yapılarının, imgelerin ve kurumların, dinsel davranışların, tapınç ve ahlak sistemlerinin bütününü kastediyorum. Sözlerimi biraz açayım.

İsa'nın yargılanmasının sadece siyasal değil dinsel gerekçelere de dayandırıldığı bence açık bir gerçektir. Son zamanlarda İsa'nın yargılanışı ve ve ölümü üstüne bir dizi televizyon programında görüldüğü gibi bunun aksini iddia etmek, İncillerdeki tüm tanıklıkları hiçe saymak demektir; daha önce, İsa'nın vaazlarının başlangıcından itibaren olup bitenlerden ve daha sonra, Hıristiyanlığın doğuşu sırasında olacaklardan hiçbir şey anlamama durumuna düşmek demektir. Ve ayrıca da, siyasalla dinselin –hele o devirde ve o bölgedeki– sımsıkı iç içeliğini hesaba katmamak demektir.

YAHUDİLER İÇİN SKANDAL, PUTATAPARLAR İÇİN DELİLİK

— *Demek ki Yahudiliğin dini yetkilileri de işe karıştılar ve bunu dinsel gerekçelerle yaptılar, öyle mi?*

— Evet, ama bu nokta, ne halk olarak tüm Yahudileri ne de din olarak Yahudiliği suçlamadan dile getirilebilir ve getirilmelidir. Hatta İsa'nın hasımlarını bile şeytanlaştırmak gerekli değildir; onlar da dini bütün, anlaşıldığına göre samimi, ne riyakâr ne de gözü kanlı insanlardı. Her şeyden önce, İsa tarafından tehdit edildiğini –haklı olarak– hissettikleri atalarının dinini korumak istiyorlardı.

— *Dolayısıyla, mahkeme kuruldu!..*

— İsa'nın yargılanması benim gözümde, "dinsel sistem"in, kendisine meydan okuyan bir dinsel özgürlüğe karşı kendini savunmasıdır. Sistem burada da, Hıristiyanlık dönemleri dahil tüm tarih boyunca, çok farklı siyasal-dinsel bağlamlarda, ama benzer gerekçelerle, yaptığı, yapacağı gibi tepki veriyor. İlk Hıristiyan yazarlar tarafından İsa'nın yargılanmasıyla Sokrates'in yargılanması arasında kurulan benzerlik, sanırım ne demek istediğimi iyi anlatır.

— *Başka deyişle, İsa'nın yargılanmasının ve ölümünün evrensel anlamını dile getirmeye çalışıyorsunuz?..*

— Çok doğru. Tefsirciler ve tarihçiler olayların nasıl geçtiğini, falan ya da filan şeyi Yahudi ulemanın mı yoksa Pilatus'un mu dediğini veya yaptığını... ortaya koymaya çalışırlar. Fakat tarihsel araştırmanın ötesinde, bu yargılamanın ve bu ölümün evrensel anlam ve önemini kavramaya çalışmak gerekir. Bu anlam ve önem ise en geniş anlamda dinseldir, ve putatapanlar dahil tüm insanları ilgilendirir. Paulus, 55 yılına doğru yazılan Korintoslulara birinci mektubunda (1, 23), "Mesih'in çarmıha gerilmesinin Yahudiler için bir "tökez" [skandal], putataparlar içinse bir delilik olduğunu" belirtir.

Şimdi, bu olayda skandal nerede, delilik nerede? Bunlar, İsa'nın kendi kavminin dinine saldırmış olmasından ileri gelmiyor. Bunu yapan yalnız o değildi ki... Dindar insanların güvenmeye alışık oldukları nirengi ve dayanak noktalarını karıştırıp kırmasından, ve bence bunu inatla sürdürmesinden ileri geliyor. Konuşma özgürlüğü ve İsa'nın Tanrı'yı arayış şekli dinsel kurumları sarsıyor, aşırı özgüvenli dinsel uygulamaların inanılırlığına zarar veriyordu. Alınmış ve kabul edilmiş dinsel geleneklerin akış yönünü değiştiriyordu.

— *Olanlardan böyle dinin sorumlu tutulması paradoksal olmuyor mu? İsa dindar bir insan değil miydi?*

— Din her zaman Tanrı'nın yerini almak, insanları Tanrı'yı bulmak için kendisinden geçmeye zorunlu tutmak eğiliminde olmuştur. Pek çok insan için Tanrı'yı bulmak ancak tapınma ve törenlerde mümkündür, başka yerde değil. Öyleyse din demek, insanı Tanrı'ya ulaştırdığına ya da Tanrı'yı hoşnut ettiğine inanılan dinsel yükümlülükler ve gelenekler demektir. İsa işte böyle bir din anlayışıyla bağını koparmıştır.

Ama dikkat: Bütün bunlara ihtiyaç yoktur demiyorum. Tersine, bunlara her zaman ihtiyaç vardır; fakat, birçoklarının, ve özellikle de her görüşe mensup köktenci, bütüncü ve gelenekçilerin zannettiklerinin aksine, esas olan bunlar değildir.

"KOMŞUSUNU" SEVMEK

— *Peki ama, öyleyse esas olan nedir?*
— Size, İsa'nın kendisine bütün buyruklar içinde en birinci buyruğun hangisi olduğunu soran Yahudi ulemadan birine verdiği yanıtla karşılık vermek isterim: "Allahın Rab'i bütün yüreğinle, bütün canınla, bütün fikrinle seveceksin. Büyük ve birinci emir budur. Ve buna benzeyen ikincisi şudur: Komşunu kendin gibi seveceksin." (Matta İncili, 22, 34-39).
— *Ama, bildiğiniz gibi, bu Tesniye'den (6) bir alıntıdır. Birinci Ahit de Tanrı'yı ve "komşusunu" sevmeyi emreder.*
— Elbette yenilik, İsa'nın "Yasa'nın iki buyruğunu" hatırlatmasında değil, yalnız bir (en büyük) buyruk sorulduğu halde iki buyruk zikretmesinde, bunları eşit değerde tutmasında, ve ayrıca "bütün şeriatın ve peygamberlerin bu iki buyruğa bağlı olduğunu" ilave etmesindedir (Matta, 22, 40). Yenilik işte budur. Aynı şekilde, Yuhanna İncili'nde (13, 34) "Size birbirinizi seviniz diye yeni bir emir veriyorum" dediği zaman da, bu buyruk özünde yeni bir şey değildir. Yeniliği, artık verilecek başka buyruk olmamasındadır: "Komşuya" [öteki insanlara] karşı sevgi ve adalet Tanrı sevgisinin ta kendisidir, ve Yahudi yasalarındaki tüm kuralların ve bütün olarak Tevrat'ın yerine geçer.

Kopuşun nedeni işte budur ve İsa'yı önlenemez biçimde yargılanmaya götürecektir. Hele öğretisinde, dini eleştiren başka öğeler de bulunduğuna göre... Örneğin, sanki daha önce verilmiş ve Yasa'da yazılı değilmiş gibi, herkesten "Tanrı'nın iradesini" aramasını ister. Sanki dua etmenin resmi yeri, duanın Tanrı tarafından kabul edildiği yer Tapınak değilmiş gibi, her bireyi kendi yüreğinin derinliğinde dua etmeye çağırır. Zaten

Tapınak'a gitmeden önce de "komşuyla" barışılmasını ister. Üstelik [kimi sözleriyle] Tapınak'ın yıkılacağını ve kendisinin Tapınak'ın yerini alacağını haber verir gibidir. Bütün bunlar tehlikeli beyanlardır ve yargılama sürecinde önemli rol oynayacaklardır, zira [kurulu dine göre] bunlar gerçekten "küfür"dür. Aslında, İncillerin metnine alınan veya İsa'nın ölümünden sonra sertleşen sözlerin payı ne olursa olsun, daha baştan itibaren, İsa'yı mahkemeye ve ölüme götürecek olan çatışmanın, dini anlama ve yorumlama olayının çevresinde düğümlendiği izlenimi vardır. Matta'da, özellikle ünlü Dağdaki Vaaz'da, İsa Yasa'yı yorumlar (5-7). Ama bunu, karşısındakileri şok edecek biçimde yapar: "İşittiniz ki eski zaman adamlarına... denildi; fakat ben size derim ki..." Herhalde Matta bu bölümü uydurmuş olamaz. Bundan başka, İsa din görevlilerine, rahiplere, ulemaya pek değer vermez; hatta onlara bazen kışkırtıcı davranır, meydan okur. Bunların İsa tarafından derin bir aşağılanma duygusu içinde bulunmaları doğaldır; nitekim sonunda onun öldürülmesini isteyeceklerdir. Fakat onların ötesinde, İsa'yı ölüme götüren dindir.

İYİ HABER

— *İsa'yı ölüme götüren dindir mi dediniz?*

— Evet; İsa'nın yargılanıp öldürülmesinde ben, Tanrı'nın dinden çıkışını ve insanların dindışı dünyasına girişini görüyorum. Bu çıkış ve bu giriş, "Ellinci-Gün" *[Pentecôte]* olayında Ruh'un "bütün tenliğiyle" sadece Yahudilerin değil paganların da üzerine "yayılmasında", ve böylece –temiz olmayanlar da dahil– bütün insanların teninde kutsallıktan sıyrılmasında daha da vurgulanacaktır. Benim için İyi Haber işte budur: Tanrı, içinde kapalı tutulduğu kutsallık çemberinden çıkmaktadır. Artık sadece belli yerlerde (dağda, tapınakta...) değil, her yerdedir. Onunla ilişki kurmanın yolu da sadece kurban sunmak veya yasalarına itaat etmek değildir. Tanrı bizi, dine ve kutsallığa bağlı tüm korkularla ve yine onlardan kaynaklanan tüm kölelik durumlarıyla birlikte, dinin ve kutsallığın üstümüze çöken ağırlığından kurtarır.

Kuşkusuz bu fikrin, tohumunu çatlatıp filiz vermesi zaman alacaktır; fakat İsa'nın söyleminde, özellikle "Tanrı'nın Melekûtu"nu göreselleştirip adeta hiçe indirgediği Melekût kıssalarında, hep mevcuttur: [Tanrı'nın egemenliği] "küçücük bir tohumdur", "bir ev eşyasının altına saklanmış bir metelikltir", "sizin aranızda bir Krallıktır"... Oraya nasıl mı yaklaşacaksınız? Her günkü sıradan iş ve eylemlerinizle... Fikir şudur: Tanrı artık bize, bizim yaşadığımız yere gelmektedir, başka hiçbir yere değil. Bizi bulunduğumuz yerden çıkarmaya gelmiyor Tanrı, meğerki hep daha çok özgürlüğe çağırmak suretiyle *manevi olarak* "çıkarmak" istiyor olsun...

İşte, bir tanıma hapsedilemeyecek yeni tutum... Zaten İsa da bunu yapmaktan özenle kaçınmıştır. Fakat bu tutumun özü, insanlarla kardeşçe ilişki fikrinde içerilmiştir; bu ilişki de Tanrı'nın bizimle babaca ilişkisi kavramını model almaktadır. Bu ayrıca, ölümün yenildiği ve insanın kendi kaderini yönlendirebileceği fikridir: İnsan artık ruhanilik / kutsallık güçlerine, hangisi olursa olsun hiçbir astrolojiye tabi değildir. Hatta insanın tapınma rit ve törenlerinden de kurtulabileceğini bile söyleyebilirim. Tanrı'nın bunlara ihtiyacı yoktur; hiçbir zaman da olmamıştır, ve bizden bunları istemez. Ona yapılacak en iyi tapınma, bizzat İsa'nın yaptığı gibi, "komşuya" hizmet, başkalarını sevme, herkese adaletli davranmadır. İşte İncil, yani harfi harfine çeviriyle, "İyi Haber"...

— *O zaman, acaba dinin de artık sonunun geldiğini söyleyebilir miyiz?*

— Daha önce tanımladığım anlamda dinin sonu, evet. Bana göre, Hıristiyanlığın yeniliği, kurtuluşun dindışı, dünyevi hayatta gerçekleşeceği fikridir. Selamet, Tanrı'nın sayısız kurallarına saygı göstermeye değil, "komşuya" edilen hizmete, iyiliğe bağlıdır. Başkalarının hizmetine koşmak: İncil'in yolu budur. Bu fikir hep böyle bir "yenilik" olarak mı kalacak? Bilmiyorum. Sanırım II. yüzyılda böyle yaşandı. Hıristiyanlık kendisi için bir dinsel mezhep statüsü değil, bir felsefe okulu, bir *logos* okulu statüsü istedi, İncil'in etik kurallarını ön plana çıkararak. Bu aynı zamanda bir evrensel kurtuluş mesajıdır, çünkü hiçbir tapınca bağlı olmadığı gibi hiç kimseyi de kurtuluştan dışlamaz. Her kim, bizzat İsa'nın yaptığı gibi, kendisini "her komşunun komşusu" olarak görürse, selamete ermiş, kurtulmuştur. Ama sırasında bu, insanın hayatını feda etmesini de gerektirebilir ki, orası ayrı bir hikâye...

BİR "MİSYONERLİK" DİNİ Mİ?

— *Ama sizi dinlerken insanın aklına hemen bir soru geliyor: [Bittiğini söylediğiniz bu] din, Hıristiyanlık tarafından, özellikle de Kilise tarafından, önemli ölçüde diriltilmedi mi?*

— Pek doğru, biz de tekrar [bu anlamda] dine geri döndük! Bu gerekliydi, kaçınılmazdı. Din, inancın kamusal, toplumsal ifadesidir. İnsanlara nirengi noktaları ve güvenceler verir. Çoğu kez de korkudan kaynaklanır. Biz de, dinler ve dinlerin somut toplumsal yaşanışı için temel önemde olan yasalcılık [*légalisme*] ve törencilik [*ritualisme*] ile tekrar buluştuk. Fakat İsa bize bunları aşmanın her zaman gerekli olduğunu öğretiyor. Hıristiyanlığın kendisi de sürekli olarak "İncilleştirilmeye" muhtaçtır.

Özetleyecek olursak, dinler dünyasının kutsallıktan sıyrılması ve başkalarını sevmek, İsa'nın mesajının ayrılmaz iki yüzüdür. "Komşu sevgisi", Tanrı sevgisiyle aynı sayılmıştır ve bu buyruğun üstünde buyruk yoktur; ayrıca, Tanrı için özel ve belli bir tapınma ritüeline dair herhangi bir kural da yoktur.

— *Tapınma artık olmasa da olur denebilir mi?*

— Esas ve temel tapınma, "hamd ve şükür eylemi"dir [*action de grâce*]. Başlangıçta Hıristiyanlar, İsa'nın anısına ekmeği ve şarabı paylaşırlarken, "*eucharistie*"yi "hamd ve şükretme" olarak (sözcüğün anlamı zaten budur) sunuyorlardı: Onlara göre Tanrı artık kurban veya sunu istemiyordu. *Eucharistie* [kutsal ekmek ve şarabın ritüel paylaşılması], bütün eski tapınçların yerini alıyordu. (Daha sonra, bu tören kilisede ayin *[la messe]* haline gelince, ne yazık ki tekrar bir çeşit "kurban"a dönüşecektir.)

Hamd ve şükür duası örneğin şu şekilde dile gelir: "Yaradılışın nimetlerinden ve Oğlu İsa'nın varlığında bize verdiği kurtuluşun nimetlerinden dolayı Tanrı'ya şükrederiz." Lyon'lu Irenæus (*Irénée*, 200 yılı dolayları), Tanrı'nın bize *eucharistie* ödevini, O'na karşı nankör kalmayalım, O'na sunacak bir şeyimiz olsun diye verdiğini söylüyordu...

Tanrı'nın bizi kurtarması (yani hayata ve özgürlüğe çağırması) karşılıksızdır; aslında biz de selamete böyle bir karşılıksızlık ortamında ereriz. Bu karşılık beklememe tutumunu, "komşumuza" karşı davranışlarımızda gösteririz. Fakat hamd ve şükür duamızı Tanrı katına dek yükseltmemiz de doğrudur. Böylece, tapınma, Tanrı tarafından sevildiğini bilen ve Tanrı'nın samimiyetine girmeye çağrılı bir gönlün doğal hamd ve şükür eylemi olur. Başkalarıyla günlük ilişkilerimizde göstermek zorunda olduğumuz karşılıksızlık duygumuzu güçlendirir.

— *Hıristiyan dini uzun zaman bir "misyoner dini" oldu. Hâlâ da öyledir. Sizi dinleyecek olursak, günümüzde [misyonerlerin] ne söylemesi, neyi haber vermesi gerekir?*

— Hıristiyan dininin yayılmasının bana göre, yukarda söylediğim anlamda "İyi Haber"in muştulanmasından başka anlamı yoktur. Tek selamet yoludur diyerek "Hıristiyan tapıncını" yaymaya çalışmak anlamsızdır. Bazı başka noktalarda olduğu gibi burada da Kilise İncil'i örtmüştür. Bu normaldir, zira din –Hıristiyanlık da dahil– her çeşit kutsal rit ve simgeleriyle *[sacrements]*, özel tapınç törenleriyle, inancın kolektif ifadesidir. Fakat hiç unutmamak gerek ki, bütün bunlar ancak İncil'in söylediklerine nispetle anlam kazanır: Bir özgürlük, kardeşlik, başkalarını sevme sözüdür bu, ve onunla yayılır Kutsal Ruh, Tanrı'nın insanlar arasındaki mevcudiyeti...

— *Ama uzun süre Kilise tek kurtuluş ortamı olarak tanımlandı: "Kilise'nin dışında selamet yoktur!"*

— Evet, öyle oldu. Ama dünyanın ne kadar geniş olduğu kavranınca, Kilise bu ağzı bırakıp Tanrı'nın istisnasız bütün insanları nasıl kurtardığını açıklamak için başka çareler bulmak zorunda kaldı. Günümüzde, öteki dinlerin de birer kurtuluş yolu olduğunu kabul etme eğilimi gelişmektedir. Fakat, tabii bunun nasıl olduğunu da söyleyebilmelisiniz. Bana sorarsanız, dinlerin insanları tapınçlar ve törenlerle kurtarmadığını söylemek gerekir. Dinler insanları, onlara Tanrı'yı aramayı ve başkalarını sevmeyi öğretebildikleri ölçüde kurtarmış olurlar. Kurtarıcı olan işte bu İncil yoludur, ve son tahlilde içinde taşıdığı "kutsallıktan sıyrılma"nın gizlenmemesini de içerir. Kurtarıcı olan, dinler değildir, hayata geçirdikleri sevgi ve adalettir, tabii bunu yaparlarsa...

DİRİLİŞ'İN SOLUĞU

— *İsa'nın dirilişi Hıristiyanlarca tarihsel bir olay sayılıyor mu?*

— "Tarihsel" derken, sadece tarihsel yollardan ya da tarihsel bilimlerin yöntemleriyle doğruluğu saptanabilen bir olayı kastediyorsanız, elbette hayır! Buna karşılık, İsa'nın çömezlerinin İncillerde bize ulaşan tanıklıkları tarihseldir; demek istediğim, bunlar gayet açık biçimde İsa'nın dirildiğini belirtmektedirler.

Yine de, bu anlatılar yakından incelendiği takdirde, çömezlerin bu diriliş olayını kabul edebilmek için her zaman imanın desteğine ihtiyaç duydukları görülür. Onların, İsa'nın dirilişine inançları sadece duyulara seslenen, gözle görülüp elle tutulabilir kanıtlardan doğmaz. İsa'nın insanlara "görünmesinin" anlatıldığı bütün pasajlarda, İsa'nın kendini tanıtan bir sözü de yer alır: "[Korkmayın], Ben'im!"; kişisel ve özgür bir yanıt isteyen bir sözdür bu.

— *Yani, dirilen, aslında "saf [bedensiz] bir ruh" oluyor...*

— Diriliş öyküleri böyle demiyor. Ama dirilen, üstelik aynı anda birkaç yerde bulunma yeteneğiyle, ortalıkta dolaşan bir ceset de değil!.. Paulus, bir "manevi beden"den söz edecektir. Ben daha çok şu görüşteyim: Havariler hiç kuşkusuz,

İsa'nın diri olduğunu, onun kendileriyle ve kendilerinin de onunla konuştuklarını bir deneyim olarak yaşamışlardır. İsa kendini havarilerine tanıtıyor, *onlara* ve onlarda olduğunu söyleyerek, dirildiğini bildiriyor. Sözü, içlerine giriyor, ve dilleri tutulmuşken tekrar konuşmaya başlıyorlar. Umutsuz durumda yerde yatarlarken ayağa kalkıyorlar. Diriliş'in soluğu içlerine işliyor, İsa'yla aralarında yeni ilişkiler kuruluyor, ölümünden öncekiler kadar hakiki ve gerçek ilişkiler... İsa'nın hayata dönüşünün algılanması olayı meydana gelmiştir, ve bu algılama onları kökten değiştiriyor.

Bana göre, söz konusu anlatılar işte bunu dile getirmek istiyor, İsa'nın maddesel bir beden içinde geri geldiğini söylemek istemiyorlar. Tersine, yakından okunduklarında, olayın gerçekliği hakkında ne kadar emin ve kesin iseler, olaydan bahsetmekte o kadar çekingen ve tereddütlü oldukları görülüyor. Bunun nedeni açık: Artık bir başka gerçekliğin gizemi içinde bulunuyorlar; zamanımızın ve bedenimizin dışında olmayan, ama zamanımız ve bedenimizle aynı düzeyde de bulunmayan bir gerçekliğin... İsa'nın dirilişi bir bakıma zamanımıza sokulan ebediyet, ya da ebediyet boyutuna erişen zamandır.

Kaldı ki, Dirilen Adam'ın algılanışı insana hemen, dolaysızca kendini kabul ettirmiyor; havarilerin, bu inançlarını kuvvetlendirmek için, olayı birbirlerine bildirmeleri, karşılıklı ikna olmaları gerekiyor ki, bu da kendiliğinden ve kolayca olmuyor. "İnanmayan" Thomas örneği bu durumu pek iyi açıklıyor!

ÖLÜM GİBİ KUVVETLİ

— *İsa'nın yaşadığı devirde, Yahudilikte de bir "öldükten sonra dirilme" inancı var mıydı?*

— Geç dönem Yahudiliğinde, İsa'dan hemen önceki yüzyıllarda, böyle bir inanç mevcuttu. Bunun en güzel örneği, İkinci Makkabiler kitabında [*Maccabées II*, 7] yer alır. (Bugün daha çok "İsrail şehitlerinin kitabı" olarak adlandırılan bu metin, MÖ 100 dolaylarında yazılmış olup, "yedi şehit kardeş" ile annelerinin öyküsünü anlatır.) Bu yedi kardeş şehit olmayı, ölülerin bir gün dirileceğine inandıkları için kabul ederler.

Fakat bu fikir herkes tarafından paylaşılır olmaktan çok uzaktır. Hatta bazı ipuçlarına bakılırsa, İsa'nın çömezleri de böyle bir umuttan oldukça uzaktılar. Ne olursa olsun, İncillere göre İsa'ya karşı çıkanlar arasında bulunan Saddukiler [*Sadducéens*] gibi kimi gruplar, ölülerin dirilebileceği fikrini açıkça reddediyorlardı. (Sırasıyla vardığı yedi kocayı da kaybetmiş olan bir kadın hakkında İsa'yı, "Diriliş gününde kadın bunlardan hangisinin karısı olacak?" diye alaylı biçimde sorguya çekenler bunlardır.)

İsa, ölülerin dirileceğine inananlardandı. Nasıl –şiddet altında ölümlerini andığı kendisinden önceki peygamberler gibi– kendi ölümünü de önceden sezmiş idiyse, aynı şekilde Tanrı tarafından diriltileceğinden de söz eder. Meyve vermesi için toprakta ölmesi gereken buğday tanesinden söz eder. Benim kanımca bu benzetme bizi, ölümünden önce kendisi[nin ne olduğu]na dair özbilinciyle en yakından tanıştırmaktadır.

Diriliş, bir zafer alayına dönüşmemiştir. Havariler, Dirilen Adam'ın "kendini herkese değil sadece seçilmiş birkaç tanığa gösterdiğini", biraz kırgın bir üslupla kabul etmek zorunda kalırlar (Resullerin İşleri, 10, 41). Besbelli, daha gürültülü ve gösterişli bir diriliş Havarilerin daha çok işlerine gelecekti!..

— *Niçin?*

— Havarilerin, İsrail'in kurtuluş geleneğine göre siyasal bir rol de oynaması beklenen bir Mesih ya da Tanrı Elçisi fikrinin fazla etkisinde oldukları muhakkaktır. Olayın en sonunda, İsa artık onları kesin olarak terk ederken bile, hâlâ ona aynı soruyu sorarlar: "Ya Rab, İsrail'e krallığı bu zamanda mı iade edeceksin?" (Resullerin İşleri, 1, 6). Bu yanlış anlama onların İsa'yla tüm arkadaşlıkları boyunca sürüp gitmiştir. Havariler ancak her şey olup bittikten, siyasal kurtuluş umudunun kesin olarak suya düştüğünü gördükten sonra, bu yaşa-

nanların gerçekte ne olduğunu sorgulayıp anlamaya çalışmak zorunda kalmışlardır: İsa neden yolun sonuna, ölümüne kadar gitmişti?.. Ve bu ölümün anlamı neydi?..
— *Evet, neydi bu ölümün anlamı?*
— Diriliş, bir olgu olarak, ölümün içinden bir geçişti, ve insanları bu –üstelik şiddet altında ve görkemsiz– ölümün nedenlerini aramaya zorluyordu. Sonunda, Tanrı'nın insanlara yönelik sevgisi, ölümden geçiş olayında, dirilişin (ve zaferin) görkemi içinde olduğundan daha parlak biçimde ortaya çıkacaktır. Aslında ikisi birbirine bağlıdır: Diriliş, göklerin kapısının herkese açılması, dolayısıyla, sevginin gücünün kendini dışa vurması ("ölüm gibi kuvvetli") olarak anlaşılır.

Öte yandan, İsa'nın ölümü sırasında Tanrı'nın sessiz kalması, gücünü göstermemesi de ilginçtir. Tanrı işe karışmaz. Elçisinin şahsında hakarete uğrar, ama karşılık vermez. Tanrı'nın bu sessizliği yeni bir vahiy olur: Tanrı'nın yeni bir yüzünün, bizi kudretiyle ezerek değil sevgisiyle kendine çekerek, bize karşı koşulsuz bir sevgi göstererek kurtaran bir Tanrı imgesinin, açınlanması... Yenilik işte budur: Hıristiyanlık Tanrı'nın vahyini Tanrı'nın kudret ve zaferinin, görkemli ve haşmetli görünüşünün içinde almaz; İsa'nın ölümünün simgelediği zayıflığın içinde alır. Bizi kurtaran Tanrı işte budur.
— *Bizi neden kurtarmış oluyor?*
— Bu alçalmanın sebebi neydi? Bir sebep bulundu: Bizi kurtarmak, günahtan "azade" kılmak... Daha sonraları, "kökensel günah"tan çok çok söz edilecektir. Sanki insan Tanrı'nın laneti altındaymış da, O'nun insana karşı gazabını yatıştırmak, hınç duygusunu tatmin etmek için İsa'nın ölmesi gerekiyormuş gibi... Yani, tam o bahsettiğim, insanı ezen sonsuz güçlü Tanrı kavramına geri dönülmüştür. Az önce sözünü ettiğim dinin kudreti!.. Böylece, Çarmıha Gerilen Adam'ın kendisi de, Tanrı'nın bu dehşet saçan görünüşünün simgesi oluyor!..

Tam tersine, İsa'nın ölümü bizi, dinlerin önümüze koyduğu şekliyle, Tanrı korkusundan kurtarır. Bizi işte bu anlamda günahtan ve ölümden, insanı ebedi ölümün hiçliğine sürükleyen günahtan azade kılar. Zira bu günah esas günahtır, "kökensel" günahtır; Tanrı'nın suretinde yaratılmış olan insanın özgürlüğünü yok eder, tanrısallığın putatapıcı biçimde kullanılışını doğurur, taklit yoluyla güç istemine ve başkalarına egemen olmaya götürür.

Bana göre, Haç, Tanrı karşısında insanın özgürlüğünün başa geçmesidir. Tanrı, kudretinden feragat etmek suretiyle, sadece sevgiden ibaret olduğunu bize açıklamış olur; ve insanı ölümden kurtaran ise sevgidir.

İSA TANRI'NIN OĞLU MU?

— *İncillerdeki İsa'dan uzun uzun söz ettik. Fakat ölümünden, dirilişinden ve –ilk Hıristiyan cemaatinin, dolayısıyla da Hıristiyan dininin doğuşunu belirleyen– Ellinci-Gün [Pentecôte] olayından sonra, hâlâ İsa anlayışında bazı değişimler, evrimler gözleniyor. Özellikle, insanlar onda Tanrı'nın Oğlu'nu görmeye başlıyor.*

— Doğrudur, ancak, Yahudi kökenli ilk Hıristiyanlarla paganizmden gelenler arasında ayrım yapmak gerekir. Birinciler bu konuda kendilerine özgü güçlüklerle karşılaşacaklardır. Yahudi kökenli Hıristiyanlar arasında, Tanrı tarafından "evlat edinilmiş", benimsenmiş, ya da Yahudilerin kendi kutsal Yazılarından tanıdıkları peygamber veya Tanrı elçilerinin soyundan gelme olduğu ölçüde, İsa'nın, "Tanrı'nın Oğlu" olduğu fikri uzun süre gündemde kalacaktır.

Hemen değilse de pek çabuk kendini kabul ettiren bu "Tanrı'nın Oğlu" kavramı, saf Sami bir ortamda, Kitabı Mukaddes'teki anlamını koruyacaktır: Tanrı'nın Oğlu, Tanrı'nın Elçisi ya da Mesihi'dir; Tanrı'nın kendisi değildir.

— *Pagan inançlarından gelen ilk Hıristiyanlarda durum farklı mıdır?*

— Pagan kökenli cemaatlerde Tanrısal kökenli bir Mesih fikrinin daha kolaylıkla yerleştiği görülür, zira bu paganlar için Tanrı'nın Oğlu ve tanrısal varlıkların çokluğu gibi fikirler hiç de yabancı değildi.

Kültürel bakımdan Yunan, Roma dinlerinin ve daha başka inançların damgasını taşıyan bu çevrelerde, söz konusu deyim, tabii bazı kaçınılmaz anlam karışıklıklarıyla birlikte, pagan dinsel ortamlarındaki anlamını alacaktır. Gerçekten de kültürlü seçkin çevrelere mensup putataparlar, kendilerine yeni bir "Tanrı Oğlu"nun geldiğini bildirmeye gelen Hıristiyanlara gülüyorlardı: Bu onların mitolojilerine göre pek büyük bir yenilik değildi ki!.. Demek ki bu mitolojiden çıkmaya çalışmak gerekiyordu.

İşte bu yüzden, –pek erken denebilir, yani I. yüzyıl sonlarına doğru, MS 100 dolayları– İsa için *logos*, yani "Kelam", "Söz" adı ortaya çıktı. Buna göre, Tanrı'nın Oğlu İsa, gerçekte Tanrı'nın Sözü idi. Yuhanna İncili'nin birinci ayeti, "Kelam başlangıçta var idi" der. İsa aracılığıyla Tanrı'nın kendisi dile gelir, ne olduğunu, ne olmak istediğini ifade eder.

Tanrı, Sonsuzluk'tur, Her-Şeyden-Başka-Olan'dır; ama "konuşur", kendisinden "kopup gelen" fakat yine de O olan bir Söz ile diyeceğini der. İşte bu Söz, İsa'dır. Yine İncilinin başında, önsöz bölümünün biraz daha ilerisinde (1, 14), Yuhanna çarpıcı ve etkileyici bir formül kullanır: "Ve Kelam beden olup inayet ve hakikatle dolu olarak aramızda sakin oldu." Tanrı'nın Sözü, Mesih'in dünyaya geldiği sıradaki çocuk varlığında kendini dile getirir. Bu yorum biçimi, her şeyden önce pagan mitolojisiyle araya sınır çizmek, mesafe koymak istemektedir.

— *"İsa Tanrı'nın Oğlu'ydu" ifadesinin insanlara skandal gibi gözükmesi, son tahlilde, Mesih'in zayıflık, güçsüzlük gibi –insana özgü– nitelikler içinde ortaya çıkmasından, üstelik bir de son derece iğrenç ve aşağılayıcı biçimde ölmesinden de ileri gelmiyor muydu?*

— Tastamam öyle. Hatta şunu da ekleyebiliriz: İsa'nın öteki peygamberler arasında yer alan, onlardan sonra gelmiş sıradan bir peygamber olarak tanınmamasında, ve onda Tanrı'nın bambaşka bir tezahürünün [tecellisinin] görülmesinde, bu nokta büyük rol oynamıştır. Burada, Yahudilerin kafasındaki Mesih modeli, siyasal bir Mesih fikri, tersine dönmüş oluyordu.

BİZİ ZENGİNLEŞTİRMEK İÇİN YOKSUL

— *Demek ki İsa'nın zayıflığı, bir bakıma onun kuvveti haline geliyor?..*
— Bir bakıma, evet (zaten Paulus da bu deyimi hemen hemen olduğu gibi kullanacaktır). Olay geçtikten sonra, İsa'nın örneğin can verirkenki güçsüzlük ve zavallılığı beklenenin aksine bir etki yaptı: Bu hal, İsa ile Tanrı arasındaki bağın, sıradan bir elçiyle onu gönderen arasındaki bağlardan çok daha sıkı olduğunu anlatır gibiydi. Gerçekten de İsa'nın "Tanrı'nın Oğlu" olduğu görüşü sürdürülüyorsa, söz konusu güçsüzlük ve zavallılığı Tanrı'nın kendisine de atfetmek gerekiyordu: Tanrı, insanı kurtarmak için, kendini alçaltmıştı! Paulus'un birçok formülü arasından, ben şuna dikkat çekeceğim: "O bizi yoksulluğuyla zenginleştirmek için kendisi yoksulluğu seçti." Böylece, Tanrı'nın kafalardaki tüm bilinen imgesi veya imgeleri (mutlak kudrete sahip, hükmedici, korkutucu, dehşetli Tanrı) değişmiş oluyor: Bir insan olmayı kabul ediyor Tanrı, hem de zayıf, güçsüz ve ölümlü bir insan...

Bu anlamda, İsa'nın ölümü, onda Mesih'i veya Tanrı'nın Oğlu'nu görme nedeni olarak, dirilmesine ya da zaferine eşit bir rol oynamıştır denebilir.

— *Aslında, hem bir alçalma süreci hem de bir yükselme süreci var gibi görünüyor...*
— Evet, ama bu hareketin merkezinde, Tanrı'nın insanlara olan sevgisinin yapmacık olmadığı fikri yer alıyor. Ta o noktaya ["çarmıha"] kadar gitmiştir Tanrı! Ve bu bambaşka bir Tanrı görüşüdür; İsa'nın aşağılanmasının merkezinde yer alır. İsa'nın şahsında, gökten yere düşmüş ilahi bir kişilik değildir söz konusu olan; Tanrı'yla ve insanlarla benzersiz bir ilişki içinde bulunan bir insan söz konusudur. Tanrı'yı tanımlamak için en uygun sözcüğün "sevgi" olduğuna dair sezgi de, birçok başka sezgilerle birlikte, buradan gelir. Özellikle Yuhanna, ama Paulus da, bu hususu kuvvetle dile getirecekler ve ondan çıkabilecek bütün sonuçları çıkaracaklardır.

— *İlk Hıristiyanların, en azından Yahudi kökenlilerin, böylelikle, aslında Birinci Ahit'teki Tanrı'nın insana fazla uzak ve erişilmez olduğu fikrine tepki gösterdikleri söylenemez mi?*

— Bu, işin sadece bir yönü, zira Birinci Ahit'te de Tanrı'nın insana yakınlığı fikri vardır: İlk ataların [*patriarches*] ve peygamberlerin Tanrısı da insana yaklaşan bir tanrıydı. Bu Tanrı'nın tipik özelliği de zaten insanlarla iletişime girmesi, onlarla konuşmasıdır. Pagan tanrıları yeryüzüne inip dolaşırlar, sonra ölümlülerle gerçek anlamda ilişki kurmadan dönüp giderlerdi. İnsanlarla "bağlaşım" filan yapmazlardı; oysa bu, Birinci Ahit'te Yahudilerin Tanrısının tipik özelliğidir. Bu Tanrı insanlarla konuşur ve konuşurken de kendini gayet "insani" bir görünüm içinde ortaya koyar. Onu anlayabiliyorsak, bizim insan dilimizi konuştuğundandır. Demek ki, daha o zaman bu Tanrı'da bir ölçüde "insanlık" mevcuttu; "enkarnasyon"a, ten'e dönüşmeye (sözcüğün anlamı budur), insan olmaya, bir tür yeteneği veya eğilimi vardı.

Birinci Ahit'teki Tanrı da bizim için, özünde ve ebediliğinde, dünyayı yaratmış olan ve dünyada mevcut olan, kendini insanların dilinde dile getirmeye çalışan Tanrı'dır. Ta ki bir an gelip, bir insan, İsa, Tanrı'nın sözcükleriyle konuşsun ve bize Tanrı'nın Sözü'nden bahsetsin!.. Tanrı'nın ona söylediği veya dikte ettiği sözcüklerle değil, Tanrı'nın "onda" bize söylediği sözlerle... O zaman bu sözler, Tanrı'nın vahyi olarak kabul edilecektir.

— *"İnsanlar için", "insanlarla birlikte"... İnsan konusunda bu ısrar neden? Eski bir filmin adıyla ifade edecek olursak, gerçekten "Tanrı'nın insanlara ihtiyacı var" mı?*

— Tanrı'nın insanlara ihtiyacı olup olmadığını bilmem, ama içimden olduğunu düşünmek geliyor. Ne olursa olsun, bugün kararlılıkla, kendini insanların tarihi içinde dışa vuran bir Tanrı kavramına geri dönülüyor: Tanrı, kendini insanlık tarihinde nasıl ortaya koymuşsa öyledir, başka türlü değil. Aziz Paulus da, daha o zaman, Romalı Hıristiyanlara bunu kendi üslubuyla söylüyordu: "Tanrı bizim yanımızdaysa, kim karşımızda olabilir?" Çağdaş bir ilahiyatçıya göre, Paulus'un bu sorusu, tek başına tüm Kitabı Mukaddes'i özetlemektedir. Bu adam haklıdır. Tanrı'nın [insanlardan bağımsız olarak] kendi kendinde ne/nasıl olduğu, ya da dünyayı yaratmadan önce ne yaptığı gibi sorularla sonsuza dek uğraşmanın gereği yoktur. O, bütün ebediyet boyunca, "bizim için" olmak istediği şey olmuştur; iki Ahit'te bize kendini nasıl açınlamışsa öyle olmuştur. Bu "bizim için" ibaresi temel önemdedir: Denebilir ki, bu olmadan, Tanrı hakkında hiçbir şey düşünmemiz mümkün olmazdı...

Bizim için olan, o derecede ki gelip *bizimle birlikte, içimizden birinde* tecelli eden, ve sonunda *bizim içimizde* yaşayan bir Tanrı: İşte budur Teslis-Tanrı: Baba, Oğul ve Ruh...

BİR TANRI MI, ÜÇ TANRI MI?

— *Birinci Ahit Yahudileri her zaman bir "tek Tanrı"ya sıkı sıkıya bağlı kalmışlardır. Oysa siz az önce bir "Üçleme" Tanrı'dan, Tanrı'daki "üç kişilik"ten söz ettiniz. Hıristiyanlar çoktanrıcılığa, "birkaç tanrı" inancına dönmüş sayılmazlar mı?*

— Hiç kuşkusuz, "üç"ten bahsedilince, birlik kuralından tehlikeli biçimde sapılmış olur. İlahiyatçılar, sorunların bilincinde olan Hıristiyanlar, hatta sıradan müminler bile sık sık bu tehlikeyi sezmişlerdir. Hıristiyanlık tarihinin ilk dört yüzyılında meydana gelmiş birçok bunalım, ilk Hıristiyan kuşağının vicdanlarını kemiren bu rahatsızlıkla açıklanabilir; zira bunlar, artık karşılarında, bütün saflığı ve kesinliği içinde, bildikleri o biricik Tanrı'nın bulunmadığını anlamışlardı. IV. yüzyılda bir ilahiyatçı, Nyssa'lı Gregorius (öl. 394), aşağıdaki yazısında bunu açıkça kabul edecektir: "Tek egemenliğin iktidarı bölünerek çeşitli tanrısal güçlere parça parça dağıtılamaz; öte yandan [Hıristiyan] öğretisi de Yahudi inancıyla aynı tutulamaz; fakat hakikat, bu iki görüşün ortasındadır; her iki okulu hatalarından arındırır ve her birinden de içerdiği doğruyu alır." Özellikle ilahiyatçılar, Tanrı'nın kim/ne olduğunu "düşünmekle" görevli olanlar, çoğu kez dışardan gelen şu soruya yanıt tasarlamak zorunda kaldılar: Kim bu sizin Tanrınız?..

— *Dışardan... yani Yahudilerden mi demek istiyorsunuz?*
— Evet, bu soru tabii önce Yahudi muhataplardan geliyordu. Bunlar Hıristiyanlara şöyle diyorlardı: "Size göre, Tanrı'nın Oğlu –Mesih adını verdiğiniz Nasıralı İsa– Tanrı'dır. Peki, ama o zaman, Birinci Ahit'te anlatılan yaratıcı Tanrı da mevcut olduğuna göre, ortada iki Tanrı olmuyor mu?" Birinci dönemde (II. yüzyıl, yani 200 yılına kadar), Hıristiyanlar buna şöyle yanıt veriyorlardı: "Kesinlikle üç Tanrı yoktur; Tanrı'da bir birinci, bir ikinci ve bir de üçüncü [tanrısal öğe] vardır." Başka deyişle, Baba, Oğul ve Kutsal Ruh arasında bir diziliş, bir hiyerarşi fikri kabul ediliyordu: Tanrısallığın "tek bir kaynağı" vardı, ve Baba'dan çıkıp Oğul'a ve Kutsal Ruh'a doğru akıyordu...

Fakat henüz Mesih, Baba'ya eşit, dünyayı yaratan Tanrı'yla aynı güçte, ebedi bir kişilik sayılmıyordu.

— *Peki, putataparlar ne diyorlardı?*
— Putataparların karşısında, Hıristiyanlar her şeyden önce ilahi "monarşi" yandaşları olarak konuşuyorlardı. Bu terimi Yunancadaki anlamıyla anlamak gerek. İlahi *mon-arkhia* [tek hükümdarlık], dünyayı hüküm ve idare edenin yalnız ve yalnız Tanrı olduğu fikridir. Evrene egemen olan ve orada düzeni kurup sürdüren bir hükümdar imgesi, Eskiler için temel önemde bir kavram... Hıristiyanlar çoktanrıcılığa işte bu fikirle karşı çıkıyor, kanıtlarını şöyle ileri sürüyorlardı: "Sizin bir sürü tanrınız, düzensizlik ve uyumsuzluk kaynağıdır (herkes ya da birçok kişi emir vermeye kalkarsa, bundan anarşi doğar)."

Zaten aynı nedenden dolayı Hıristiyanlar da Tanrı'dan bahsederken, "Efendi, *Seigneur*" anlamında Latince *Dominus* terimini kullanıyorlardı.* Kitabı Mukaddes'te de Tanrı

---

* Türkçe Kitabı Mukaddes'te *Seigneur/Dominus* terimi Arapça "Rab" sözcüğüyle karşılanıyor. Biz de öyle yapıyoruz. – ç.n.

sık sık böyle adlandırılır: Efendi, tüm Efendilerin tek Efendisi, Rab... Şu deyişe sık sık rastlanır: "Ben, Yahve, Efendi'yim (Rab'im), ve başka efendi yoktur." Bu "Efendi" –yani hükümdar– sözcüğü putataparlara, dünyaya egemen tek bir Tanrı olduğunu hatırlatır. Fakat pek erken, Yeni Ahit metinlerinde, Hıristiyanlar Mesih'e de bu "Efendi, Rab" adını verirler ve böylece onu Tanrı'nın dünya üzerindeki "efendiliğine" [egemenliğine] ortak koşarlar.

— *Sizi dinlerken, insan, sanki ilk Hıristiyanlar bir yandan Eski Ahit'teki tek Tanrı'ya bağlılıkla, öte yandan İsa'nın getirdiği, Tanrı hakkındaki yeni vahiy arasında bocalıyorlarmış gibi bir izlenime kapılıyor...*

— Elbette öyleydi; tanrısal özün "birkaç tanrıya" bölünmesi fikrini hafifletme kaygılarını anlamak kolaydır. Bir yandan, dirilen İsa'nın Baba'nın sağında oturduğuna, Oğul sıfatıyla Tanrı'nın yüceliğine girdiğine inanıyor, öbür yandansa (İsa'nın da inandığı) tek Tanrı inancına ihanet etmek istemiyorlardı. Kimi ilahiyatçılar şöyle diyerek işin içinden çıkıyorlardı: "Biz dünyanın yönetiminin tek bir kişiye, yaratıcı Baba'ya ait olduğunu, ama O'nun, hüküm ve iktidarını *iki eliyle* yürüttüğünü savunuyoruz." (bu deyim, II. yüzyıl sonlarında yaşamış Lyon'lu Irenæus'a aittir; adı geçen *eller*, Oğul'la Ruhulkudüs'tür). Bazıları da, iki oğlunu yönetime ortak eden bir imparator örneğini kullanıyorlardı. Ama biz bunlarda daha çok ilahiyat ilminin ilk bocalayışlarını, kekeleyişlerini görmüş oluyoruz!

TEK BİR TÖZ

— *Hıristiyanlar "Amentü"lerinde [credo], Oğul'un yaratılmadığını, ama doğurtulduğunu belirtirler. Demek ki, adeta bir Oğul –yani bir başka tanrı– "veren" [ona baba olan] bir Tanrı var karşımızda...*

— Gerçekten de, daha sonraları, III. yüzyılda, "tanrının doğuşu" [*génération divine*] fikri ortaya çıkacak ve 325'te İznik din kurultayında, yani IV. yüzyıl başlarında, iyice yerleşecektir. Fakat aynı fikir daha önce, örneğin Origenes'te de görülmekteydi (Origenes bu dönemeç döneminin en büyük düşünürlerinden biridir; MS 253 yılında ölmüştür). Şunu da akılda tutmak gerek ki, o sıralarda Yahudilikten kopuş kesinleşmişti ve Hıristiyanların hasımları da artık pagan filozoflardı. Bundan böyle, pek tabii Yahudilerin Birinci Ahitleri de hesaba katılmak üzere, kullanılabilecek bazı yeni terim ve deyimler vardı, ama Yahudilerin kendileri artık bu tartışmalarda taraf değillerdi.

Kimi kişilerce güçlü bir itiraz ve çekingenlikle karşılanan bu "doğuş" [*génération*] veya "sulbünden gelme" [*engendrement*] kavramıyla ne anlatılmak isteniyordu? Fikrin karşıtları bunda, ilahi varlığın ikiye bölünmesi, insanlarda ve hayvanlarda ya da pagan mitolojilerindekine benzer bir "doğurtulma" fikrini görüp itiraz ediyorlar, bu görüşte, Tanrı'nın yüceliğine karşı saygısızlık buluyorlardı. Adı geçen karşıtlar, "Arien'ler" denilen, 318'e doğru İskenderiyeli bir rahip olan Arius'un çömezleriydi. Bir ara, imparator tarafından da desteklendikleri için, büyük güç ve nüfuz kazanacaklardı.

İznik kurultayını tutanlar ise tersine, Baba ile Oğul'un eşitliğini, derin yakınlık ve iç içeliklerini, ve aralarındaki kısıntısız ve karşılıklı iletişimi savunuyorlardı. Oğul'un Baba tarafından –bir bakıma evlatları olmaya çağırdığı insanlar gibi– "evlat edinilmiş" basit bir "yaratık" olduğu fikrini reddetmek çabasındaydılar.

Yine bu bağlamda, bugün Hıristiyanların okudukları Amentü duasında da korunmuş olan "eş-tözlülük" [*consubstantialité*] kavramı devreye sokuldu: Oğul, ve onun gibi Kutsal Ruh da, Baba ile aynı tözden [*consubstantiel*] oluşuyorlardı [doğaları aynıydı]. Bu noktadan itibaren artık tam anlamıyla çoğulluk içinde biriciklik kavramına doğru bir evrim görülür: Üç varlık –Baba, Oğul, Ruh– bir tek Tanrı'dır; tek bir varlıkta, tek bir "tözde" ya da "doğada", bir arada bulunurlar.

TESLİS'İN [*TRINITÉ*, ÜÇLEME] ANLAMI

— *Öyleyse, birbirlerinden ne bakımdan farklı bunlar?*
— Teslis-Tanrı'nın birliği üzerinde fazla ısrar edilirse, ister istemez, "Bu üç tözü ayıran nedir?" sorusunu sormak zorunda kalınır. Bu farkı ifade etmek, ya da bunların tanrısal varlık içinde üç "töz-öğe" [*subsistants*] olduklarını iyice belirtmek üzere, sonunda üç "kişi" ya da "kişilik"ten söz edilmeye başlandı. Genel kabul gören de bu terim olacaktır. Bunlar, bir ve biricik olan tanrısal varlığın içinde var olan üç ayrı "birey"dir. Her biri varoluşla ve dünyayla kendine özgü bir ilişki içindedir, ve her "kişi" ötekilerle ilişki halinde var olur.

Bu iki sözcük –kişi ve ilişki– çok önemlidir. Kişi, ilişkiyle tanımlanır; ve Kendiliği içinde, "bir ve tek" tanrısallık olarak ele alınan Tanrı da, her şeyden önce bir ilişki olarak, yani Kendiliği içinde sevgi ve hayat olarak, tasarlanmalıdır. Ya da, Tanrı sevgi ve hayattır deniyorsa, ister istemez başkasıyla ilişki içinde bulunacaktır. Hayat olabilmesi için, iki varlık olması, ikisinin birliği gereklidir. İlk Devindirici ya da Büyük Saatçi olarak anlaşılan Tanrı'nın hiçbir hayatı, dolayısıyla ne Kendiliğinde ne de mekanizmasını çalıştırıp işlettiği dünyayla hiçbir ilişkisi yoktur! Ama eğer Tanrı canlı ise, Tek Yaşayan ise, ister istemez doğasında "başkalık" [*altérité*] da taşıyacaktır!

— *Bütün bu açıklamalara neden gerek görüldü? İnsanda, [önemsiz ayrıntılar için] kılı kırk yarıyormuşsunuz gibi bir izlenim doğuyor.*
— Bu tartışmaların bir kısmının anlam ve önemi, ister istemez, bugünün sıradan insanları tarafından kavranamıyor; oysa hepsinin geçerli nedenleri vardı. Uzun, çelişkili ve izlenmesi zor bir hikâyedir bu, zira ilahiyatçı ulema, yani bu ilk yüzyıllarda yaşamış, "Kilise'nin Babaları" diye anılan Hıristiyan düşünür ve filozoflar, –ki genel olarak piskoposlardı– sık sık dışardan böyle açıklama isteklerine muhatap oldular; bir yandan da Kilise'nin içindeki çeşitli anlaşmazlıklar ve birbirleriyle bağdaşmaz yorumlarla başa çıkmaya çalışıyorlardı. Kâh Yahudilerin (ve daha sonra Müslümanların da) eleş-

tirdikleri gibi, Tanrısallığı bölme korkusu içinde, kâh Oğul'u, yani Mesih'i ve onun aramıza gelişini kapsayamayan farklılaşmamış bir "biriciklik" korkusu içinde bocalanıyordu.

— *Ne olursa olsun, Teslis'in "icadının" oldukça uzun bir tarihi var, ama İsa'dan kalma değil; İsa insanlara, "Size bir Teslis-Tanrı'yı haber veriyorum" demedi. Size bakılırsa, böyle bir Teslis-Tanrı ilk Hıristiyanların bir icadı; İsa'nın buna katkısı yok!..*

— Hayır, tabii, Yahudilerin Tanrısının Horeb dağında Yanan Çalı'da kendini açıklaması gibi, bir anda Hıristiyanlara bir Teslis-Tanrı vahyi gelmemiştir. Her şey İsa'nın dirildiğine edilen imandan; Tanrı'nın ona Kendi hayat soluğundan üfleyerek, Kendisinde yeniden yaşamaya başlamasını sağlayarak, onu ölümden kurtardığına olan inançtan doğmuştur. Kutsal Ruh'un –ki bunun, Tanrı'nın mevcudiyeti, soluğu ve gücü olduğunu hatırlatırım– insanlara iletilmesi olayında, Baba'dan Oğul'a, Tanrı'dan Mesih'e, ve Mesih'ten insanlara kurulan bir bağ kendini dışa vurur; insanlar Tanrı'nın "evlatlıkları" olurlar. Teslis'in anlamı işte budur. Bunu anlamak ve bir tanım oluşturmak için hayli zaman (dört yüzyıl!) gerekti. Ve tabii bu tanım da sonradan, ilahiyatçılar tarafından başka sözcük ve terimlerle, durmadan yeniden yorumlanmak ve yeniden dile getirilmekten kurtulamadı. Fakat bu üçlülük inancı, sonraki bütün düşünce ve yorumlardan önce, İsa'nın dirilişine imanda tohum halinde mevcuttu.

KUTSAL RUH'UN BAĞIŞLANMASI

— *Birçok kez Kutsal Ruh'tan bahsettiniz. Bunun olaylardaki rolü nedir?*

— Resullerin İşleri'nin 2. bölümünde, bu kitabın yazarı olduğu kabul edilen Luka, Yahudi *Pentecôte*'unda (Paskalya'dan elli gün sonra) Tanrı'nın Ruhu'nun, İsa'nın gidişiyle cesaretleri iyice kırılmış olan havarilerin toplanmış oldukları Kudüs'teki eve nasıl girdiğini anlatır. Ruh, evi sarsan şiddetli bir rüzgârın esmesi, her havarinin üzerine alev sütunlarının inmesi, ve havarilerin yabancı dillerde konuşma yeteneği kazanmaları şeklinde kendini gösterir. Şimdi bu öykünün ortaya koyduğu sorunları bir kenara bırakalım (bu konuda pek çok ve mükemmel incelemeler vardır), ve Ellinci-Gün'de "Ruh'un bağışlanması" olayının ne anlama geldiği ile ilgilenelim. Bu "bağış", Diriliş'e imandan bir Teslis-Tanrı'ya imana nasıl geçildiğini anlamak için temel önemdedir.

"Kutsal Ruh" bir Hıristiyan icadı değildir. Kitabı Mukaddes'te Tanrı'yı göstermek için kullanılan bir sözcüktür. Birisinin Ruhulkudüs'le dolu olduğunu söylemek, Tanrı'nın Ruhu ile dolu olduğunu söylemektir. Bu Ruh kâh bütün kavmin üzerine, kâh sadece Tanrı'nın seçtiği kişilerin, onun elçilerinin, peygamberlerinin, yani bireylerin üzerine gelebilir. İsa da, kutsal metinleri okumaya alışık olan ilk çömezleri tarafından derhal, Kutsal Ruh'la dolu bu bireysel ya da kolektif kişilikler dizisiyle süreklilik içinde, onların devamı olarak, yalnız, kendisi de herkesin üzerine "Ruhunu gönderdiği" için, onları aşan bir konumda algılanacaktır.

— *Demek ki, sözcüğün tam anlamıyla, Tanrı tarafından "esinlenmiş" oluyor?..*

— Evet, İsa böyle algılandı. Bunu, onun İncillerde çizilen portresinde ya da anlatılan özelliklerinde görüyoruz. İsa'nın vaftizi sırasında da Kutsal Ruh kendini gösteriyor, İsa'nın üzerine "konuyor". Vaftizde Kutsal Ruh'un alındığına dair çok eski Hıristiyan inancı da buradan gelir. İncillerde ayrıca İsa'nın, kendisini aşan bir "kuvvete" bürünmüş olduğunu akla getiren ifadeler de vardır. Nihayet, yukarda dediğimiz gibi, İsa'nın dirilişi de, kesin olarak bu dünyadan gidişinden sonra, Ellinci-Gün'de Kutsal Ruh'un saçılışı şeklinde kendini gösterir. Bu saçılış, dirilen İsa'dan gelen bir bağış olarak yaşanır. İsa bununla, hâlâ insanların arasında var olduğunu açıklamış olmaktadır.

— *Ruhulkudüs nedir?*

— Eski Ahit'te, Tanrı'nın ruhu, kuvveti, kudreti, ya da Kutsal Ruh kavramı her zaman Tanrı kavramına, O'nun dünyada ve insanlar arasında var oluşuna veya kendini gösterişine bağlıdır. Bir benzetmeyle anlatacak olursak, sanki Tanrı dünya işlerine el attığında oraya gücünü, dönüştürücü enerjisini gönderip, kendisi geri planda kalıyormuş gibi bir durum söz konusudur.

Bu kavram, "Ahitler-arası" denilen, yani Ahitlerin yazılışları arasındaki, MÖ 200'den MS 100-150 yıllarına kadar giden dönemde, daha da yayılmıştır. Yahudiler için siyasal bakımdan gayet karışık olan bu dönemde, "apokaliptik" [kıyamet temalı] edebiyatta büyük bir gelişme yaşanmıştır. Bu tür eserler, dünyanın sonunu ve Mesih'in gelişini haber veren işaretleri anlatırlar. Özellikle, artık kapıda sayılan bir "Rab'in günü" söz konusudur; o gün, Ruh her tenin [bedenin] üzerine saçılacaktır... Tanrı'nın Ruhu'nun, hem ateşle her şeyi arıtmak hem de halka kutsallığı saçmak üzere geleceği düşünülmektedir.

TANRI DUYARSIZ VE EYLEMSİZ DEĞİLDİR

— *Bu "Ruh", "birisi" mi, bir kişi mi?*

— Tanrı'nın bir öz-niteliği, tipik olarak O'na ait bir şey... Birinci Ahit'te ve genellikle Yahudi dininde bir "kişi" sayılmaz. "Tanrı'nın Ruhu" denince "Tanrı + Ruh" anlaşılmaz. Fakat her ne zaman Tanrı kendini gösterecek olsa, o da birlikte bulunur. Ruh ayrıca insanın Tanrı'dan, Tanrı'nın geçişinden hissettiği şeydir, zira ateşle, şiddetli bir rüzgârla veya hafif bir meltemle kendini duyurur. Özetle, İsa'dan önce de Kitabı Mukaddes'te büyük ölçüde mevcut olan, ama onunla birlikte hemen kendini herkese kabul ettiren bir kavramdır.

Fakat İsa'dan itibaren, Ruh daha kişisel bir anlamda anlaşılmaya başlar. Artık bir "canciğer dostluk", bir "duygudaşlık" bağıdır. Kişileri birbirleriyle ilişkiye sokan bir özgürlük Ruhudur: Tanrı ile İsa, İsa ile çömezleri...

— *"İlişkiye sokmak"la ne kastediyorsunuz?*

— Galatyalılara mektubunda (4, 4-7), Paulus Hıristiyan inancının iki satırlık bir özetini verir. Ona göre, Tanrı İsa'nın şahsında bize Oğlunu göndermiştir, bizi Yasa'dan özgür kılmak ve içimize Oğlunun Ruhunu saçmak için... Bu Ruh, bizi onun "evlatlıkları", Tanrı'ya "Baba" diyebilecek oğulları yapmaktadır. Paulus'un kullandığı "Abba" terimi, "Baba"dan daha çok sevgi nüanslıdır. Başka deyişle, Teslis inancının da kökeninde bulunan bir kesin inanç yerleşir: Tanrı, bizi oğullar ve kardeşler yapmak için, gelip varlığını bizimle paylaşmıştır.

Bu, bize yaklaşmış, İsa adlı insanla benzersiz bağlar kurmuş olan bir Tanrı'dır; onunla ve onun araçlığıyla, Tanrı her bedene kendi Ruhundan bir parça serpmiştir. Bunun sonucu olarak, tanrısallığını bize de saçmış olan bir Tanrı'dır bu; bizzat ilahi hayata içten katılım fikri buradan çıkmıştır.

Dediğim gibi, Eski Ahit'te de insana yaklaşan bir Tanrı fikrini veya imgesini buluruz. Buradaysa bu sezginin son kertesine kadar gidilmektedir: Tanrı bize o derece yaklaşmıştır ki, gelip bizim aramızda yaşamaktadır.

— *Eğer Kutsal Ruh'un, "Üçüncü"nün, daha Paulus'ta adı geçiyorsa, bu Teslis kavramı Yeni Ahit'te çoktan yerini almış demektir, öyle değil mi?*

— Evet; bu fikir Tanrı'nın tözü, "neliği" konusunda her türlü düşünceden önce ortaya çıkar. Tanrı'nın üç adı formülüne Hıristiyanlık metinlerinde pek erken rastlanır. Örneğin, Paulus'un birçok mektubunun sonunda, ufak tefek farklarla aşağı yukarı şu selam ifadesi yer alır: "Rab İsa-Mesih'in inayeti ve Allah'ın muhabbeti ve Ruhulkudüs'ün müşareketi *[communion]* hepinizle beraber olsun!" Bu, Korintoslulara ikinci mektubun sonundaki dilek formülüdür; 60 yılına doğru, yani İsa'nın ölüm ve dirilişinden ancak 30 yıl kadar sonra yazılmıştır. Yeni Ahit'in başka metinlerinde ve onun dışında da, buna benzer üç adlı formüllere rastlanır.

— *Demek ki, bu "toplamı Bir eden üç"ün [öğelerinin] ne oldukları ve ne yaptıkları konusundaki düşünme süreci bundan sonra başlıyor!..*

— İlk yüzyıllarda Hıristiyan ilahiyatçıları, pagan entelektüellerinin itirazlarına ya da pagan doğmuş Hıristiyanların sorularına karşı, sık sık inandıkları Tanrı konusunda açıklamalarda bulunmak zorunda kaldılar. Dolayısıyla, bu dönemlerde Tanrı'nın "kendiliğinde ne olduğunu" anlamak ve tanımlamak üzere alabildiğine spekülasyon yapılacaktır. Yunan-Latin felsefesinde Tanrı kavramı, oluşsuz ve tarihsiz, yerinden kımıldamayan ve etkilenmeyen, durağan bir tanrı fikridir. Ne yazık ki, kaçınılmaz bir "bulaşma" yoluyla, bu Tanrı'yı görüş tarzı oldukça erken Hıristiyan ilahiyatında da yer etti. Oysa Kitabı Mukaddes'te Tanrı yaratır, konuşur, kendini gösterir, duygularını dışa vurur, eğilim değiştirir; hiç de durağan, değişmez ve etkilenmez bir varlık değildir!

Şunu da ekleyeyim ki, yakıçağa kadar Kilise, Tanrı'yı ya da Tanrı'nın varlığını haber verip savunmak konusunda pek fazla kaygı duymak zorunda kalmadı; çünkü her zaman, şu ya da bu şekilde, bir tanrıya inanılan ortamlarda yaşadı, ve kendi görüşlerini, hiç olmazsa kısmen, bu ortamlarda geçerli olan Tanrı tasarımlarına az çok uydurdu. Ama bugün her şey çok farklı: Pek çok insan artık Tanrı'ya inanmıyor; ve bu husus, Tanrı hakkında söylenenleri yeniden düşünmeyi gerektiren bir durum yaratıyor.

İSA GERÇEK BİR İNSAN MIYDI?

— *Hıristiyanlar şöyle derler: "Tanrı insan oldu, Meryem'in bağrında ten edindi, İsa'da ete kemiğe büründü." Bu ifadeleri nasıl açıklarsınız?*

— "Ete kemiğe bürünme" [enkarnasyon] öğretisi, İsa'dan sonra 431 yılında yapılan Efes kurultayında tanımlanmıştır. O sırada, bugün bize saçma gözüken bir paradoks yaşanmıştı.

Hıristiyanlığın başlangıcında, İsa adındaki bu adamın Tanrı olduğunu kanıtlamak büyük önem taşıyordu (az önce bu konudan söz ettik). Oysa beş yüzyıl sonra, başlıca güçlük, onun gerçekten bir adam, bizim gibi bir insan olmasıyla ilgili görünüyordu... İsa'nın ezelden beri gökte var olan Tanrı'nın Oğlu olduğunu ve yeryüzüne indiğini söylemeye o kadar alışılmıştı ki, bir gün geldi, zihinlerde aksi bir kuşku belirdi: İsa gerçekten bir insan mıydı acaba? Belki değildi de insanmış gibi yapmıştı; ya da, insan idiyse bile tamamen bizim gibi biri değildi, kim bilir!.. İşte gayet safdilce, hiçbir muziplik veya alay nüansı içermeden sorulabilen bazı sorular...

— *Demek ki, her şeyden önce İsa'nın "gerçekten insan" olduğunu belirtmek ve vurgulamak gerekiyor?..*

— Evet. Başlıca güçlüklerden biri, bir kadının vücudundan doğmuş olmasından ileri geliyordu. Hatırlayın: Oğul'un Baba'yla yakınlığını, samimiliğini anlatmak için "sulbünden gelme" [*engendrement*] benzetmesi geliştirilmişti. Oğul, ebedi Baba'nın "bağrında" oluşmuştu [*génération*]. Bu, III. yüzyılda böyleydi. V. yüzyıla gelindiğinde ise kafalarda sorular vardı: [Baba'dan "olmuş" İsa] bir kadının karnından ikinci bir doğuma nasıl konu olabilmişti?.. Örneğin, Kostantiniye patriği Nestorius, İskenderiyeli meslektaşı Cyrillus'a şöyle yazıyordu: "Yani sen şimdi Tanrı'nın Oğlu'nun bir rahimde taşındığını, büyüdüğünü, ve emzirilip kundaklandığını söylemeye cüret ediyorsun, öyle mi? Bu kadarı yeter! Paganların masallarına dönmenin âlemi yok! Çarmıha gerilebilmiş olması bile yeterince olağanüstüdür onun!.."

Ana rahmine düşme ve doğum fikri insanlara ölüm fikrinden bile tiksindirici geliyordu. Nestorius'un çözümü buna dayanır: Tanrı'nın Oğlu, bir şekilde, doğmakta olan bebeğe gelip yerleşmiştir, ama normal "üreme" [*génération*] sürecine uğramamıştır. Bu da aşağılayıcıydı gerçi, ama O'nun asıl kişiliğini etkilemiyordu. Böylece, İsa hiç olmazsa en kötü konumdan korunmuş oluyordu... Bu görüşe karşı ilahiyat, İsa'nın insanlığını yeniden keşfetmek, insanlığının gerçek olduğunu ve gerçekte ne olduğunu yeniden tanımlamak, ama özellikle Tanrı'nın Oğlu'nun bu insanlığı ve orada olup biten her şeyi "üstlendiğini", ve gerçekten kendisini tanımış olanlara nasıl görünmüşse öyle bir insan olduğunu, tekrar vurgulamak zorunda kaldı. Başlangıçta, içinde Tanrı'nın keşfedilmesi gereken bir insan-İsa vardı; İznik kurultayının kabul ettiği tanımdan sonra ise, içinde insanın yeniden keşfedilmesi gereken bir Tanrı-İsa söz konusu oldu.

"Enkarnasyon" teolojisini yeniden tezgâha koymak gerekti. Bu iş, Khalkedon [Kadıköy] kurultayına (451) düşecektir; burada Mesih, "bölünmesiz ve karışmasız" bir birlik içinde, "gerçek tanrı ve gerçek insan" olarak tanımlanacaktır. Bu formüller, ve vurgulanan "gerçek" sözcüğü, İsa'nın ya tanrılığını ya da insanlığını azaltmaktan kaçınmak ve her iki niteliğini de sımsıkı elde tutmak amacına yöneliktir.

TANRI'NIN ANASI MERYEM

— *Bütün bunlar pek soyut şeyler...*
— Haklısınız; bu ifadelerin oluştuğu bağlam artık bize yabancı oldu. Üstelik, anlaşmazlık ve ayrılıkları sona erdirmeye yönelik olan bu formüller, Grek Ortodoks ve Doğu Kiliselerinin sürekli ayrılıklarının da gösterdiği gibi, bu işte hiç de başarılı olamadılar.

Bu yüzden, bugün ilahiyat yeniden işe koyulmuştur. Yapmak istediği, eski formülleri cilalayıp daha açık seçik hale getirmekten çok, İsa'nın kendisini kendi tarihinin içinde, bize dolaysızca ondan bahseden ve bazen geleneğin örtüsü altında kalmış olan İncil metinlerinde, yeniden keşfetmektir. Onun bize yakınlığını yeniden keşfetmektir.

— *İsa Tanrı'nın Oğlu sayıldığına göre, Hıristiyanlar Meryem'e de "Tanrı'nın Anası" dediler ve hâlâ onu bu adla anmağa devam ediyorlar. Bu adlandırma da öteki gibi, bir günde ortaya çıkmış değildir herhalde... Bu noktaya nasıl gelindi?*

— Meryem ancak 431'de, Efes kurultayında, "Tanrı'nın Anası" ilan edildi. Bu "resmi ilan" noktasına neden mi gelindi? Çünkü Tanrı'nın Oğlu'nun gerçekten, ama Baba, Oğul ve Ruh'ta ortak olan tanrısallık da parçalanmaksızın, Meryem'den insan olarak doğduğu belirtilmek isteniyordu. Bunun sonucu olarak, Meryem "Tanrı'nın Anası" (Yunanca *Theotokos*) ilan edildi, yani sadece "insan" İsa'nın anası değil...

Ama eğer "Tanrı'nın Anası" ise, daha ileri de gidilemez miydi? Yunanlılar Meryem'le Ruhulkudüs arasında, Meryem'in öldükten sonra, Ruh tarafından mezarda "çürümekten" korunduğu şeklinde bir bağlantı kurup geliştirdiler; böylece, Meryem'in "göğe çıkışından" [*assomption*] önce "uykuda bulunması" [*dormition*] fikri doğdu. Aynı şekilde, Ruhulkudüs onu doğumu sırasında günahtan da korumuştu: Bu da Meryem'in "ana rahmine lekesiz düşmesi" [*immaculée conception*] inancıdır.

İşin gerçeği şudur ki, bütün bunlar Tanrı'nın bir bedene bürünmesi ["enkarnasyon"] kavramına dayalı, az çok haklı görülebilir gelişmelerdir. Meryem ve üzerine "yığılan" bütün bu mit ve tasarımlarda, halk dindarlığı, yani yaşanan "halk dini" demek istiyorum, son derece önemli bir rol oynadı. Aynı şey Meryem'in "bakireliği" konusunda da oldu: "İsa, bakire Meryem'den doğmuştur!" Fakat burada önce, öldükten sonra dirilen İsa'ya iman ön plana çıkar: İsa nasıl Tanrı'nın kuvvetiyle mezardan çekilip çıkarılmışsa, aynı şekilde Meryem'in karnına da "bir insanın isteğiyle değil Tanrı'nın istemiyle" girmiştir, Yuhanna'nın da İncilinin başında belirttiği gibi...

— *Bu konularda düşünme süreci bugün durmuş mudur, yoksa ilahiyat hâlâ Mesih'in rolünü ve anlamını aydınlatma yolunda yeni fikirler öne sürmekte midir?*

— Az önce "Tanrı'nın bedene bürünmesi" deyimini kullandım. Bu deyim Eskiler'ce, kişi belirtilmeden Tanrı'ya atfedilmiş olarak kullanılmıyordu. Onlar ayrıca "Tanrı'nın ölümü"nden ve "çarmıha gerilen Tanrı"dan da söz etmiyorlardı. Yakın çağlara ait olan bu deyimlerle geleneksel olarak sadece Mesih'e, yani Teslis'in ikinci kişisine uygulanan ifadeler Tanrı'nın kendisine de uygulanmış, böylece, "enkarnasyon" fikrinin alanı da büyük ölçüde genişlemiş olmaktadır. Bugün anlıyoruz ki, insan-İsa'da Tanrı'nın Kendisi bizim insanlığımızla birleşmiş ve bizim insanlık tarihimize bağlanmış olmaktadır; sadece Oğul değil bizzat Tanrı... Bu başka bir Tanrı değildir, fakat "bizim için" olduğundan dolayı başka türlü düşünülen bir Tanrı'dır.

"Enkarnasyon" böylece çeşitli formüllere dökülebilir ve çeşitli yönlere çekilebilir; buna dindışı boyutlar da dahildir. Örneğin, Hegel gibi bir filozof bu kavramdan, sonlu ile Sonsuz, tarih ile Mutlak vb. arasındaki ilişkilere dair pek büyük ve görkemli bir düşünce sistemi çıkarmıştır.

KESİN HAKİKAT YOKTUR

— *Belli bir devirde bir şey, başka bir devirde ise başka bir şey söyleniyor. Birkaç kez bu evrime dikkat çektiniz. Bu doğru bir şey mi? Kesin bir hakikat yok mu?*

— Hayır; ayrı ayrı devirlerde hiçbir zaman aynı kutsal kitabı okumuyoruz. Tabii, maddi olarak elimizde her devirde aynı metin vardır, ama biz onu hep içinde bulunduğumuz "şimdi"den yola çıkarak okuruz. Örneğin, Hans Jonas'ın *Auschwitz'den Sonra Tanrı Kavramı* adlı kitabını ele alalım. Yazar –ki Yahudidir– burada, o büyük soykırımdan sonra Tanrı'yı güç ve kudret düzeyinde [veya boyutunda] düşünmenin imkânsız hale geldiğini öne sürüyor. Bir bakıma bizi, Kitabı Mukaddes'i bu boyuttan soyutlayarak okumaya davet ediyor, oysa mutlak güç ve kudret motifi Kitabı Mukaddes'in hemen her yerine yayılmıştır. Tanrı orada "kadir-i mutlak", hâkimiyetini ciddiyetle icra eden, sırasında güç ve kuvvet kullanarak işe karışan vb. bir Tanrı olarak tasarlanmıştır. Buna koşut olarak bir de Bossuet'nin vaazlarını okuyun: Bu metinler de, kendisi En Güçlü olduğu için güçlüleri cezalandıran, hükümdarları yargıya çeken Tanrı betimlemeleriyle doludur.

Ancak, Kitabı Mukaddes dikkatle okunacak olursa, orada bazı zaafları ve kırılganlıkları olan bir başka Tanrı'ya ait izlere ve ipuçlarına da rastlanır. Tekvin kitabında, ilk günahtan sonra, Tanrı'nın Âdem'e nerede olduğunu sorduğunu görürüz, sanki bilmiyormuş gibi... Tanrı'nın birkaç kez yaptıklarından pişman olduğu görülür; "Bir daha ana-babalarının günahlarından dolayı asla çocukları cezalandırmayacağım" der. Yani fikir değiştirir! Bugün biz, gerek Yahudiler gerek Hıristiyanlar, bu zaaflara karşı duyarlıyız; bunlar Tanrı'yı öteden beri sandığımızdan daha çaresiz, daha az güçlü ve bize daha yakın kılıyor. Elbette bu yeni yorumun açıklamasını yapmak, onu temellendirmek gerekir. Ama ne olursa olsun, böylelikle bize öncekinden çok farklı bir okuyuş tarzı önerilmiş olmaktadır.

— *Peki, ya İnciller?*

— Onlar da farklı biçimde okunur, eğer İsa'nın, Tanrı'yla ilişki içinde yaşayan ve eyleyen, Tanrı'yı keşfeden, hatta Tanrı'ya –kendi içinde taşıdığı ve meramını da kendisiyle [İsa'yla] dile getiren atalarının Tanrısına– "inanan" bir insan olduğu fikrinden yola çıkılırsa... Aksine, (uzun süre yapıldığı gibi) karşınızda Baba'nın her şeyi önceden bilen ve zaman zaman gökteki Babasına kafa tutan ebedi Oğlu olduğunu düşünürseniz, öyle bir İsa imgesi geliştirirsiniz ki, insanlığı tamamen kaybolur. Sonunda "kadir-i mutlak" bir İsa elde edersiniz. İşte böyle, çeşitli okunma biçimleri vardır İncillerin de, ve her biri ister istemez İsa'ya ayrı bir yüz verir.

— *Bu tutumda hiç keyfilik, indilik görmüyor musunuz?*

— Hayır; tersine, ilahiyat her zaman Kitap'ı, ona belli bir dönemin veya kültürün sorularını yönelterek okumuştur; bu, yeniliği hiç bitmeyen bir çaba ve görevdir. Bu değişken okuyuş tarzları, Tanrı hakkındaki fikirlerimizin arınmasına, "mitlikten çıkarılmasına", ama aynı zamanda daha güncel, daha inanılır hale gelmesine de katkıda bulunur. Söz konusu fikirler her zaman birçok sınırla sarılmıştır.

Örneğin, Tanrı'yı kökenlere, anımsanamayacak kadar eski bir zamanda dünyanın yaradılış anına yerleştiririz. Ama akıl yürütme yoluyla kökenlere gitmek her zaman mitsel bir düşünce geliştirme sonucunu verir. Dünyanın kökenleri konusunu dile getirmek için ister istemez imgelerle, benzetmelerle konuşur, mit adı verilen öykülere başvururuz (hatta bilimin bile, sonsuz uzaklıklardan bahsederken, aynı durumda olup olmadığı sorulmaya değer). Mitler bize son derece derin şeyler söyleyebilir, tabii onları akıllıca yorumlarsak; yani, tam dediğim gibi, onları "mitlikten çıkarabilirsek"... Bu sürekli bir çabadır, her adımda yeniden başlar...

Hıristiyanlar hiçbir zaman yeni bir Tanrı'nın haber verildiğini işitmediler. Ama İsa'nın Tanrısının yeniliğini belirtme isteğinden de hiçbir zaman vazgeçmediler.

BİZİMKİNİN AYNI BİR BEDEN

— *Bütün bu gelişmelerde, bu tartışmalarda, Hıristiyanlar her zaman Birinci Ahit'le olan bağı sımsıkı tuttular mı?*
— Başlangıçta Hıristiyanlar, hele de Yahudi kökenli olanlar, doğal olarak, bizzat İsa'nın da okuduğu kutsal yazıları, yani Yahudi Kitabı Mukaddesini, okumayı sürdürmüşler; ve Birinci Ahit'teki Tanrı'ya dua ettiklerinin, O'na inandıklarının vb. bilincinde olmuşlardır. O'nu adeta üstünde düşünmeden, kendiliğinden, hatta seçmelerine gerek bile kalmadan benimsemişlerdir: Hıristiyan Kitaplarının Tanrısı, daha eski Kitapların Tanrısıydı.

140 yılına doğru, yani II. yüzyıl ortalarında, Marcion'la [Yun. *Markion*], bir kopma girişimine tanık olunur. Küçük Asyalı olan bu filozof hakkında fazla bilgimiz yoktur. Herhalde kendisinden önce de var olan, oldukça yaygın bir düşünce akımını temsil ediyordu. Bir başka Tanrı, sadece Hıristiyan bir Tanrı seçişinin ardında iki fikir vardır.

Önce, dünyanın kökeni üzerine spekülasyonlar ve çeşitli dinsel mitolojilerden oluşan, "*gnose*" ya da "*gnosticisme*" adı verilen karma düşünce yığınının etkisi altında, Marcion maddesel dünyayı özünde kötü olarak kabul eder: Ona göre, ancak kötü bir Tanrı bunu yaratabilirdi! Öte yandan, yine ona bakılırsa, Hıristiyanlar Yasa'nın, yani On Emir'in Tanrısına tapamazlar, zira bu Yasa'yı terk etmişlerdir. Demek ki, Hıristiyanların Tanrısı, Eski Ahit'in Tanrısı değildir. Peki, bu tamamen Hıristiyan bir Tanrı tasarımı nereden çıkıyor? Olasılıkla, ancak Aziz Paulus'un birkaç mektubunu, özellikle Yahudiliğin inanç ve uygulamalarına geri dönme fikrine karşı çıktığı Galatyalılara mektubunu, bilen Küçük Asya cemaatlerinde ortaya çıkmıştır.

— *Marcion'culuk Paulus'a dayanmakta haksız mı?*
— Elbette, çünkü Paulus, Yasa'nın kurtuluşu sağlamaktaki yetersizliğinden yakınırken, hiçbir zaman ne Yasa'nın Tanrısını reddetmiş ne de Yasa'yı suçlamıştır. Marcion'la okulu ise Paulus'un Galatyalılara mektubunu pek köktenci biçimde yorumluyorlar: Yahudi Yasasını ve Kitaplarını reddediyorlar, ve bu tutumdan, aynı zamanda Yasa'nın Tanrısını da reddetmenin normal olduğu sonucunu çıkarıyorlar.

Bundan başka, Marcion'a göre, İsa'nın şahsında sadece iyi ve "rahim" bir Tanrı kendini göstermiştir. Ayrıca, Yuhanna İncili'nden, daha önce hiç kimsenin Tanrı'yı hakikaten tanımadığını ifade eder gibi anlaşılabilecek bazı cümleleri de hatırlatıyor ve bundan, İsa'nın tamamen yeni bir Tanrı açınladığı sonucunu çıkarıyordu: Sadece ve tamamıyla iyi, Yaratıcı olmayan ve soyundan ["sulbünden"] geldiklerini kabul eden insanları kurtarmaya gelmiş bir Tanrı... Bunlar, gnostisizm geleneğinden alınma, oldukça karmaşık fikirlerdir (Marcion da zaten bunları sadeleştirir).

— *Hıristiyanların buna tepkisi ne oldu?*
— Duvarın dibine gelmiş, köşeye sıkışmış oldular. Düşünmek, İsa'nın Tanrısının gerçekte ne olduğunu kendi kendilerine sormak ve bir seçim yapmak durumunda kaldılar. Sahiden o zamana dek bilinmeyen, sadece iyi ve göksel bir Tanrı mıydı bu, yoksa Birinci Ahit'te Yasasını koyarak kendini açınlayan, İsa'dan önce tarih içinde kendini tanıtan, yaratıcı Tanrı mıydı?..

Yanıt açık ve net oldu, şu nedenden ötürü: İsa, Yaratıcı'nın Oğlu olmasaydı, bizimki gibi bir bedene bürünmezdi (zira, Marcion'a göre, kötü yaratıklar kötü bir Tanrı'nın eseriydi). *Bizim gibi* bir insan olmazdı. Demek ki İsa gerçekten bizimkinin aynı bir bedene büründü, Yaratıcı'nın eserini üstlendi, Yaradılış aynı zamanda onun da eseriydi. O zaman Hıristiyanlar, seçimlerini tarihin Tanrısı, bu dünyanın Tanrısı lehinde yaptılar, ki bu aynı zamanda Birinci Ahit'in, dolayısıyla Yahudilerin de Tanrısıydı.

Burada düşünülüp taşınılarak yapılmış bir seçim söz konusudur ve içerdiği bütün sonuçlar ve dersler de daha çıkarılmış değildir, zira ilahiyat, dünyaya ve insanlık tarihine pek bağlı olan bu Tanrı'yı koruyacak yerde, onu soyutlamak ve göğün erişilmez yüceliklerine yansıtmaktan kaçınamamıştır.

İSA'NIN YÜZLERİ

— *Yine de Hıristiyanlar için Tanrı'nın birliği fikrini korumak ve sürdürmek bayağı zor gibi görünüyor... En azından gönül ve duygu düzeyinde, kimisi insan İsa'ya, kimisi Mesih ve Tanrı'nın Oğlu İsa'ya, kimisi her şeyden önce Baba'ya duyarlı görünürken, daha başkaları da özellikle Ruhulkudüs'e ilgi duyuyorlar...*

— Evet, öyle; ama acaba bütün dinlerde durum böyle değil midir? Her birey, kendi düzeyinde, Tanrı'nın ancak bir "parçasını" anlayabilir veya kavrayabilir. Judaizmde bile farklı bireysel duyarlılıklar söz konusudur: Kimilerine göre –çeşitli derecelerde– Yasa, kimilerine göre peygamberlerin mesajı, ya da bilgelerin geleneği önem taşır. Hıristiyan Tanrısının karmaşıklığı nedeniyle, bu bireysel duyarlılık, varlığının çeşitli yönlerinde ve dünyayla, insan tarihiyle ilişkilerinde, Tanrı'nın kendisini de ilgilendirmektedir.

Hıristiyan duyarlılığı düzeyinde, Batı Hıristiyanlarının –ya da, isterseniz, "Latinlerin"– her şeyden önce Mesih'e odaklanmış bir dindarlık ve ilahiyatları olduğu; buna karşılık, Yunan geleneğinin etkisini taşıyan Doğu Hıristiyanlarının ise, Ruhulkudüs'ün dünyadaki varlığına, veya Tanrı ve Mesih'in ihtişam ve yüceliğine daha duyarlı oldukları, oldukça yaygın biçimde söylenmektedir (Yunan ve Rus geleneğinin ikonalarıyla, daha seyre dalışçı [*contemplatif*] bir tutum, bu duyarlığı dile getiren öğeler sayılıyor). Aslına bakılırsa, Latin ve Yunanlı Hıristiyan cemaatleri birlik olarak kaldıkları sürece, böyle farkların pek derin olmadığını sanıyorum. Yazılı eserler gibi duyarlıklar da bir yerden bir yere değiş tokuş edilebiliyordu.

Latinlerin, Oğul'un kişiliğini kavramakta Ruhulkudüs'ünkine göre daha az güçlük çektikleri –bir izlenim olarak– söylenebilir. Buna bağlı olarak, dindarlıkları, dua ve ibadetleri de daha çok Oğul'a ve Baba'ya, ve Oğul aracılığıyla Baba'ya yönelik olmuştur. Yunanlılar ise, belki de –eski anlamıyla– daha "coşkulu" (*enthousiastes:* "tanrısal güçle dolu") olduklarından, kendilerini Ruhulkudüs'e daha yakın hissetmişlerdir. Bizans litürjisi [dinsel törenleri] son derece etkileyici, büyüleyicidir; ayinler, kalabalık korolarla söylenen homofonik ilahiler, yoğun tütsü bulutları içinde icra edilir; tanrısallık adeta duyularla algılanabilir hale gelir. Zaman içinde zihniyetlerde ve duyarlıklarda görülen ve gittikçe derinleşen ayrışma herhalde bu gibi etmenlerden ileri gelmiştir.

— *Fakat, çeşitli eğilimlere göre "İsa'nın yüzleri"nin de çok farklı olduğu izlenimi var...*

— Gerçekten de İsa'nın kişiliğinde bir görünüm çeşitliliği vardır; bu bir özgürlük kaynağı olup Hıristiyanlarca buna sahip çıkılmalıdır. İlahiyatla Kilise'nin her zaman İsa'nın yüzünü tekbiçime indirgemek, bir dogma halinde "bir"leştirmek, bu konuda tek bir hakikati resmen kurumsallaştırmak istedikleri kesindir. Bugünse daha çok onun insanca yüzleri, ve bunlar aracılığıyla Tanrı'nın yeni bir yüzü yeniden keşfediliyor. Fakat bu yüzler kendi aralarında çelişkili olabilirler; İsa'da ani ve şiddetli kopmalara neden olmuş bir adam, ya da bunun aksine, sadece iyilik, bilgelik sahibi bir insan görülebilir... Bu çeşitli görünümler arasındaki gerilimi sürdürmek gerekir.

Hiç kimse İsa'yı bütünüyle, tüm zenginliği içinde, kavradığını iddia edemez. Hatta Kilise makamlarının onun hakkında ileri sürdükleri imgeye de mesafeli kalmak mümkündür. Ya da, kendimden bir örnek vermem gerekirse, ben XV. ve XVI. yüzyıllara ait kimi İspanyol veya Alman ressamlarının Mesih hakkında bırakmış oldukları trajik, yürek parçalayıcı imgede pek kendi İsamı tanıyamıyorum. Fakat bütün bu görüşlerin haklı temelleri vardı, hâlâ da olabilir. İnsan kendini İsa'nın kişiliğiyle "karıştırdığı" ve İsa'yı da bizim tarihimize ve hayatımıza karıştırmak istediği, onu "güncelleştirmek" istediği anda, mesajının yeni yönlerini keşfeder, ona yeni boyutlar verir.

TANRI BİZİM ÖZGÜRLÜĞÜMÜZE SAYGI GÖSTERİR

— *Birkaç kez "selamet"ten, ruhun kurtuluşundan, söz ettiniz. Bugün bu konuda neler söyleyebilirsiniz?*
— Bununla her şeyden önce bir çağrıyı kastediyorum: Bütün insanlara yönelik, Tanrı'nın önünde "özne" olmaya, huzurunda özgür olarak ayakta durmaya, O'nun ölümsüz hayatını paylaşmaya bir çağrı... İnsanların, bu dünyanın gereklilikleriyle başa çıkmak ve hayat atılımını ölümde ve hiçlikte mahvolup gitmekten kurtarmak için özgürlüğe ve dayanışmaya çağrıldıkları fikridir bu...
Burada kendimi, daha önce andığım Hans Jonas'a yakın hissediyorum: Tanrı kudretini sınırlıyor, çünkü bizim özgürlüğümüze saygı gösteriyor. Bu, Jonas'ın Yahudi Kabalasında bulduğu bir fikirdir, ama Hıristiyan geleneğinde de karşımıza çıkar. Tanrı kendini sınırlamakla kalmaz, insanların tarihine güç gösterileriyle, mucizelerle ve buna benzer başka yollarla müdahalede bulunmayı da reddeder. İnsanın kendi becerisiyle özgür olması; dünyevi bağlantılarından kurtularak, varoluşunu bütün görünümleriyle üstlenerek, ve manevi hayata yükselerek ölümü yenmeyi öğrenmesi gerekir. İşte insanın dünyadaki yolu ve görevi budur. Kendini hem Tanrı'nın hem de insanların hizmetine adayan İsa'yla gerçekleşen de işte budur. Onun, Kitabı Mukaddes'te dendiği gibi "her tene yayılan" Ruhu, insan hamurunu kabartır, onun gibi özgürlüğe çağrılı Tanrı çocuklarının tohumlarını filizlendirir. Fakat, Oğul'un tene bürünmesine bu "iman", şu inançla da perçinlenir: Tarihin akışı bir anda, ve dışardan, değiştirilmiş değildir; Tanrı'nın iradesi insanlık tarihinin ve insan özgürlüğünün rastlantılarına bırakılmıştır; Tanrı'nın Oğlu da bizim ellerimize "teslim edilmiş" durumdadır.
— *Bu koşullarda, "çarmıhtaki kurban", "günahların satın alınması", "ilk günah" gibi eski deyimleri nereye koyuyorsunuz?*
— Bu deyimlerle (kurban edilen Mesih, günahlardan kur-

tarılma...), sanki ancak ilahi alandan bir şey kopararak yaşayabilirmiş gibi, sanki Tanrı'yı rahatsız ediyormuş gibi, kendini her zaman ve özünde Tanrı'ya karşı suçlu hisseden, mutsuz ve zavallı bir insan imgesini hâlâ sürükleyip duruyoruz. İnsan ister istemez kendini Tanrı'nın zararına yaşamaktan suçlu hisseder; bu yüzden, hiç olmazsa kokusuyla beslensin diye, Tanrı'ya kurbanlar sunar!.. Kökensel günah [*péché originel*] fikrinin oluştuğu sıralarda, insanlar bütün bu yükü taşımaktaydılar; hem unutmayalım, söz konusu fikir ancak V. yüzyılda, Aziz Augustinus tarafından geliştirilip dogmaya konmuştur!

Bu yük, bu "kökensel günah", benim yukarda "Tanrı korkusu" olarak adlandırdığım şeydir. Ama aynı zamanda buna özgürlük korkusu da denebilir: İnsanı en uzak kökenlerinden, her bireyi de daha doğumundan itibaren, duyular dünyasının tutsağı yapan, hırs ve arzularına zincirleyen şey... İnsan kendiliğinden bir tür "insanlık eksikliğinin" içine kapanır, kendisini hayvanlığın bağlarından kurtulmaya davet eden manevi iç çağrısına direnir. İşte "kökensel günah" budur.

Bu "kökensel günah" fikri aslında gayet yaygındır. Hemen bütün uygarlıklarda, her türden din ve kültürlerde, şu ya da bu biçim altında, karşımıza çıkar. "Kökensel" günah bizi "kökenlere" götürür; ama biz kökenler hakkında hiçbir şey bilemeyiz ki (bunu görmek için, ana rahmine düşüşümüzden başlayarak, kendi kişisel tarihimizi düşünmek bile yeter)!.. Dolayısıyla, bundan ancak benzetmelerle ve mitlerle söz etmek zorunda kalırız. Ama bu böyledir diye, söz konusu fikrin hiçbir anlamı olmadığını söylemek de istemem. Tam tersine, bazen büyük bir önem kazanabilir; hem de yalnız dinsel alanda değil, insan, insanın özgürlüğü ve insanların hayatında kötülüğün rolü hakkındaki genel tasarımlarımızda da...

YENİLENLERİN YENGİSİ

— *O zaman, Hıristiyanlık inancında o denli büyük bir yer tutan "günahların bedelinin ödenmesi"* [rédemption: *İsa'nın*

çilesi karşılığı insanlığın günahtan kurtulması] kavramından hangi terimlerle söz edebilirsiniz?
— Birçok Kilise babası tarafından sorulmuş olan bir soruyu yeniden gündeme getirmek daha ilginç olacak: Tanrı insanlara kurtuluşu niçin bedavadan bağışlamadı? Ya da, neden bunu yapmak için bir melek göndermedi?.. Yanıt: İnsanı aşağılamak, küçültmek değil, onu kendi kurtuluş sürecine ortak ederek özgürlüğüne olan saygısını göstermek istiyordu da ondan... Demek ki, Tanrı'nın Oğlu kendini insan kılmıştır ki, insan kendi becerisiyle kurtulsun. Ve böylece insan, Tanrı'nın onun için alçaldığı oranda, ona doğru yükselmiş olmaktadır. Bütün bu senaryoda ne de olsa bir ölçüde *deus ex machina** bulunduğu söylenecektir tabii. Doğrudur, ama hiç olmazsa sihirli değnek etkisinin reddi de vardır: İnsan kendi kurtuluşunun onurunu kendisi hak etmeli ve dolayısıyla Tanrı'nın huzurunda haysiyetini korumalıdır.

Selamet [kurtuluş] konusunda, özellikle, Tanrı'nın insanı, ona kendi varoluşundan pay vermek için yarattığı fikrini koruyorum. Yaratma eylemi bir özgürlüğe çağrıdır. Tanrı'nın oğlu olmak, O'nun huzurunda, özgürlüğünü kazanmış bir oğulun babasının önünde durduğu gibi, özgürce durmak demektir. Özgür olmak, ölümsüz olmakla aynı şeydir. Tanrı bizi yaratır ve ölümün bağlarından kurtulabilmemiz için de kendi gücümüzle çalışmaya çağırır. Bunu "müdahaleci" bir tarzda yapmaz; çünkü bu, bizi kukla yerine koymak olurdu!..

— *İyi ama, böylece ölümden kurtulmuş oluyor muyuz?*
— Eğer olmasaydık, bu, tarihteki bütün masum kurbanlar için pek büyük bir adaletsizlik olurdu. En başta ve öncelikle Şoah'ın kurbanlarını düşünüyorum tabii, ama tarihin yollarının kenarlarına saçılmış sayısız başka kurbanlar da bunun dışında değil. "Yargılama kıssası"nda (Matta İncili, 25) bizzat İsa da açıkça kendini "tarihin yenilmişleri" –açlar, susuz-

---

* Eski tiyatrolarda, güç bir sorunu çözmek için, tam zamanında tavandan bir düzenekle (*ex machina*) sarkıtılan bir tanrı (*deus*) veya benzeri kişi. Güç bir durumdan çıkmak için başvurulan yapay –ve kolay– yol. – ç.n.

lar, çıplaklar, tutsaklar vb...– ile özdeşleştirir. Onların yardımına koşmak, O'nun yardımına koşmaktır. Tanrı onlardadır, onlar'*dır*! İsa'nın, "Ne mutlu yoksullara, ezilenlere... vb." dediği Dağdaki Vaaz da aynı [ahlaksal] tersyüz edilişe gönderme yapar.

Bu "yenilenlerin yenilgisi" elbette rasyonel bir kesinlik değil, sadece bir umuttur. Fakat adaletli bir Tanrı bunu sağlamalıdır. Ayrıca denebilir ki, sevgi yönünde giden her kişi hayat yönünde gitmiş olur, dolayısıyla insanlar kısmen Tanrı'nın "adaletini" kendilerine karşı bizzat uygularlar. Sevgide yaşayan, benzerlerinde Mutlak'ı görüp tanıyan her kişi, pişman olan ve "geri dönen" [tövbe eden] her insan, hayata girmiş olur. Benim imanımın özü işte budur. Sevgide yaşayanlar, durmadan Hayat'ı yaratan, Hayat'ın kendisi *olan*, yaşayan Tanrı'nın cemaatinin yaşatıcı üyeleri olurlar.

— *Ya ötekiler?*

— Ölüme girerler, o kadar. İşkenceler ve alevlerle devam ettirilecek bir ölüm düşünmenin, ayrıca düşmanlarının yakılmasından zevk alacak bir Tanrı tasarlamanın ne gereği var? Kesin ölüme, yokluğa, hiçliğe girerler o dediklerinize. Kitap'ın dediği gibi, "Hayat'ın defterinden silinirler."

TEKTANRICILIK HOŞGÖRÜSÜZ MÜ?

— *Bugün kimi entelektüellerin çoktanrıcılığı, eski Yunan dininin tanrılarını savunduğu görülüyor. Arkalarında şiddet ve hoşgörüsüzlükle dolu uzun bir tarih bulunan tektanrıcı dinlerin Tanrısına karşıt olarak, bu tanrıları, hoşgörüleri ve açık fikirlilikleri nedeniyle övüyorlar...*

— Gerçekten de günümüzde çoktanrıcılık kulaklara bayağı hoş geliyor (gerçi bana kalırsa, hiç tanrısız paganizm daha da revaçta görünüyor ya...). Ama bir bakalım, kimlerin hoşuna gidiyor bu "din"? Tanrı fikrinin kendileri için bir sorun olmadığı, gözlerinde Tanrı'nın hiçbir önem taşımadığı, ve Tanrı'nın hiç de rahatsız etmediği kimselerin... Konumuz bağlamında, o tanrılara gerçekten inanıldığı devirlerde onlardan nasıl söz edildiğine bir bakmak bayağı ilginç olacaktır. II. yüzyılda, gerek Yahudi gerek Hıristiyan yazarlar putataparları o kadar "pahalıya" patlayan inançlarından kurtulmaya davet ediyor ve onlara özetle şöyle diyorlardı: "Diana'ya ayrı, Zeus'e ayrı, Herakles'e ayrı tapıyorsunuz; ayrıca kentin tanrıları, Roma'nın tanrıları, evin tanrıları [*lares*] da var... Bir türlü sonu gelmiyor; her zaman ya birine ya ötekine kurban sunmak zorundasınız, çünkü her zaman ya biri ya öteki tapınılmak istiyor. Her an yeterince ibadet edememek ya da tanrılarınızın karşılıklı kıskançlıklarına neden olmak korkusu içindesiniz! Onlar aralarında savaşıyorlar, kabak kimin başına patlıyor? Sizin!.. Gelin, ibadet ve saygınızı bütün bu gözü doymaz tanrılar arasında dağıtmaktan vazgeçin; kurbanlarınızı hepsinin üstünde olan tek Tanrı'ya sunun! Böylece huzura kavuşursunuz!.. Biz size işte bu Tanrı'yı, dünyanın biricik Yaratıcısı ve Efendisini muştuluyoruz!"

Bugün unutuluyor ki, dinin gerçekten önemli olduğu o devirlerde, çok sayıda tanrı ne de olsa inananlar için hayli ağır bir yük teşkil ediyordu. Panteon, bugün sanıldığından daha az kabaydı gerçi, ve insanlarda, bulanık ve yayınık –ama tek– bir tanrısal güç duygusu da vardı. Fakat bu tanrıların hepsiyle ilgilenmek, ve sırasında birine karşı ötekinin yanında yer almak gerekiyordu! Böyle bir bağlamda, tek bir Tanrı fikri, tanrıların savaşından ve köleliğinden bir kaçınma yolu, dolayısıyla bir özgürlük yolu olarak önerilip kabul edilebilmiştir.

— *Aslında bugün çoktanrıcılığın övgüsünden çok tektanrıcılığın, ve "doğası gereği" sebep olur göründüğü şiddet ve hoşgörüsüzlüğün, yergilerinin tekrar ortaya çıkışına tanık oluyoruz.*

— Biricik Tanrı *bir tek* kavmin tanrısı, egemenliğini başkalarına da yaymak için o kavimle bağlaşım yapan bir tanrı olarak tasarlanmışsa, o zaman, evet, hoşgörüsüzlük ve şiddet tehlikesi vardır. İsrailoğullarıyla ayrıcalıklı antlaşmasına karşın, Eski Ahit Tanrı'yı böyle tasarlamaz, zira bu Tanrı orada her zaman biricik Yaratıcı ve şefaatini Babası olduğu bütün kavimlere yayan evrensel Efendi olarak anlatılır. Egemenliğini başkalarına yaymak gibi bir isteği de yoktur. Buna karşılık, kendini bütün kavimler arasından Tanrı'ca seçilmiş sayan kavim, Tanrı'nın davasını ve yüceliğini kendi çıkarları ve onuruyla özdeşleştirme noktasına gelebilir. O zaman, benim inançlarımı paylaşmayanlar benim Tanrımın düşmanları olurlar; benim çıkarlarıma el uzatırlarsa, Tanrımın yüceliğine ve onuruna halel getirmiş olurlar; o zaman ben onlara karşı silaha sarılmaya kendimi zorunlu hissederim. Görüldüğü gibi, burada sorun tek Tanrı değil, hatta özel bir "seçilmişlik" kavramı da değil, bunların öz çıkarlar uğruna bencilce kullanılmasıdır. Tek Tanrı'ya inananların hepsi, hatta tektanrıcı olmayan dinler bile, bu tehlikeden, tanrısallığın dünyevi amaçlar uğrunda kullanılması riskinden, bağışık değillerdir.

Hıristiyanlık daha başlangıçtan itibaren kendini etnik olmayan bir din olarak ortaya koymuştur; belli bir kavme, belli bir ülkeye bağlı değildir. Böylelikle, evrenselliğini belirtmiş olur. Tabii bu, daha sonraları, öteki halklara karşı kendisinden beklenebilecek hoşgörü ve saygıyla hareket ettiği anlamına gelmez. Hıristiyanlık uzun süre kendini Tanrı'nın biricik halkı, bir "Hıristiyan uygarlığı", bir "Hıristiyan toplumu" yaratıp savunmakla görevli tek kavim saydı. Bu Hıristiyan rüyası uğruna başkalarının ödediği bedeli biliyoruz, ve kendimiz de bu tarihin bedelini ödemeye devam ediyoruz.

ANTİGONE SORUNU

— *İlk yüzyıllarda Hıristiyanlara neden baskı ve şiddet uygulandı? Panteonuna bütün tanrıları kabul eden pagan çoktanrıcılığının karşısında, onları tam o sözünü ettiğimiz "hoşgörüsüzlükle" suçluyorlardı...*

— Başlangıçta sorun tektanrıcılık ya da Mesih değildi; imparatora bir tanrı gibi tapmanın reddedilmesiydi. Başka deyişle, dinsel olduğu kadar siyasal bir hata söz konusuydu. Zira imparator, geniş İmparatorluk'un bütün halklarını bir "federasyonda" toplamak için, kendi suretine tapılmasını zorunlu tutuyordu. Demek ki bu tapınç her şeyden önce, [insanlar arasında] siyasal-dinsel bir bağdı. Yine de Hıristiyanlar birçok önlem aldılar. Şöyle diyorlardı: "İmparatorun şahsına saygı gösteririz, İmparatorluk'un yasalarına boyun eğeriz, vergilerimizi öderiz." Fakat imparatorun heykeline ya da Kent'in tanrılarına tapmanın reddedilmesi, kaçınılmaz biçimde, yurttaşlığa aykırı ve bölücü bir davranış olarak algılanacaktı.

Unutmamak gerek ki, siyasal özgürlük kavramı bu şekilde, Hıristiyanların siyasal-dinsel despotizme direnmeleriyle, dünyada sahneye çıkmıştır. Daha önce mevcut değildi. Bugün bu nokta ne yazık ki pek az hatırlanıyor. Bu kavramın gündeme gelmesi, bireyin, toplumu bir arada tutan kutsallıkla kendi tapınma geleneklerini dayatan Kent'in bağlarından sıyrılıp, öz kişisel haklarını öne çıkarabileceği fikrine sıkı sıkıya bağlıdır. Bir bakıma bu, ünlü Antigone sorununun topluluk boyutuna yükseltilmiş biçimidir; Antigone de Yunan Kentinin kutsal hukukuna karşı kendi bireylik ve kadınlık haklarını dile getirip savunuyordu. Hıristiyanlar, imparatorun suretlerine ve Kent'in tanrılarına tapmaktansa ölmeyi kabul ederek, siyasal özgürlüğü güçlü bir biçimde dile getirmişlerdir. Gerçi bunu siyasal gerçekçiliği biraz eksik bir yoldan, "Bizim Kentimiz yeryüzünde değil göktedir" diyerek, yapmışlardır; ama böylelikle tarihi ve toplumu kamusal özgürlük kavramına açmış olmaları da kuşku götürmez.

Ama ne yazık ki, daha sonra Hıristiyanlar da birçok kez ve birçok bakımlardan, siyasal iktidarların bağımlıları haline gelmekten kaçınamayacaklardır. Fakat ilk Hıristiyanlara bu açıdan edilebilecek sitem yoktur. Onlar siyasal özgürlüğün gerçekten Hıristiyanlığın bir kazanımı olduğuna, özellikle İşa'nın şu sözünde ifadesini bulan bir İncil mesajı olduğuna [hayatlarıyla] tanıklık etmişlerdir: "Kayser'in şeylerini Kayser'e, Tanrı'nın şeylerini de Tanrı'ya ödeyin." [Matta, 22, 20-21].

ADALET Mİ, İNSAN SEVGİSİ Mİ?

— *İsa'nın adalet ve sevgi mesajıyla ilgili olarak, Kilise'nin Tanrı'ya –en azından sizin de anlattığınız şekliyle İncillerde açınlanan Tanrı'ya– ihanet ettiği, ya da durmadan ihanet etmekte olduğu söylenebilir mi?*

— Hayır, ben böyle demeyi doğru bulmam. "Kilise Tanrı'ya ihanet etti" dersek, Tanrı'nın kim olduğunu nesnel ve kesin olarak bildiğimizi, Kilise'nin de bu çok iyi bilinen Tanrı'dan yüz çevirdiğini varsaymış oluruz. Oysa bu yanlıştır; ihaneti ölçmek için bir ölçüt, bir "etalon" olması gerekir, ki böyle bir şey yoktur. Dolayısıyla, bu konuda Kilise biraz kestirmeden, üstünkörü yargılanıyor, hatta "yargısız infaza" konu ediliyor denebilir. Kilise'nin söyleminin, benimseyip muştuladığı Tanrı'nın düzeyine çıkamadığı söylenebilir; ya da, taşıyıp yaydığı ve öğrettiği Tanrı imgelerinin Tanrı'ya benzemediğini kabul etmesi istenebilir. Kilise'nin de bunu yapması gerekir, hele, böyle olduğunu itiraf etmediği takdirde, suretler ve putlar yaratıp insanların bunlara tapmasına izin vermiş gibi görünmek riski de varken...

Ya da, Kilise'nin, her zaman Tanrı'yı keşfetme süreci içinde olduğuna kendisini inandırması gerekir. Evrim geçirmek normaldir. Oysa Kilise'nin hiç sevmediği bir sözcük varsa, o da *evrim*'dir. Hiç evrilmediğini ve evrilmeyeceğini, asla değişmeyeceğini iddia edebilmeyi tercih ederdi Kilise! Ama işte burada, tarihin rolü hakkında söylediklerimize dönmüş oluyoruz: Biz Tanrı'yı, bir dünyaya ve bir tarihe yerleştirilmiş olmamızın fonksiyonu olarak düşünürüz. Tarihi yaparız, dünyada yaşarız. Ne biri ne öteki hep aynı kalır, ve biz de bu değişime kapılmışızdır. Düşüncemiz ve varlığımız zamanın damgasını taşır. Çağdaş felsefenin bize söyleyip durduğu, ve günlük deneyimlerimizin de doğruladığı, hakikat budur.

— *Demek ki ebedi hakikat de değişime uğrayabiliyor?..*

— İlahiyatçı düşünce bundan kaçamaz; kafamızdaki hakikat kavramı da, ve tabii Kilise de. Tanrı'nın kendisi bile, –yani, insanların onu algılayışları ve hakkında söyledikleri demek istiyorum– Kitabı Mukaddes boyunca hep aynı değildir. "İlk ataların [*patriarches*] Tanrısı", "Peygamberlerin Tanrısı", İbranileri Mısır'dan kurtarıp onlarla birlikte çölde dolaşan Tanrı, köken hikâyelerinde görülen Tanrı, Eyüp'le tartışan ya da Mezmurların yazarına ricada ve yakarıda bulunan Tanrı... bütün bunlar en azından çeşitli yüzler gösterirler. Aynı şekilde, Mesih'in yüzü de dört İncil'de aynı değildir, Paulus'ta ise daha da farklıdır. Bizler Tanrı'yı hep insanların sorunlarından yola çıkarak sorgular dururuz: İşte ilke budur, ve Hıristiyan Kilisesi için de doğrudur. Kilise insanların sorunlarını anlıyorsa, doğal olarak bunları Tanrı'ya yansıtacaktır; o zaman da Tanrı'ya ilişkin söyleminin farklı olması normaldir.

Doğal olarak, şu ya da bu dönemde, falan ve filan koşullarda Kilise'nin Tanrı üstüne söyleminde ağır basan ve konuşma özgürlüğünü sınırlayan kurumsal çıkarlar, tarihsel koşullanmalar ve siyasal bağlantılar bulunabileceğini de unutmuyorum. Bunlar bizim küskünlüğümüzü yatıştırmalı, ama uyanıklığımızı köreltmemelidir.

— *Hıristiyanlar sık sık "insan sevgisi"nden, "komşusunu" (bu terimle bütün insanlar kastedilse de) bireysel olarak sevmekten öte geçmemekle suçlanmışlardır. Buna karşılık, Yahudilerin daha çok –özellikle "adalet" olarak anlaşılan– "etik" üzerinde durdukları söylenir...*

— Bu soruyu tarihçilere sormak gerek. Toplumsal tarih alanındaki araştırmaları bu fikri doğruluyor mu, çürütüyor mu? Bu eğilim sadece Hıristiyanlara özgü tipik bir eğilim mi? Haksızlık, kötülük ya da sadece eşitsizlik gibi durumları düzeltmek için sosyal yapılara müdahale anlamında adalet, özünde çağımıza ait bir kavram değil mi, ve Hıristiyan "*charité*"si [insan sevgisi] denilen kavramın içerdiği, toplumu değiştirmeye yönelmeyen daha bireysel öğeyi suçlamak için, onu biz geçmişe yansıtıyor olamaz mıyız? Ne olursa olsun, Hıristiyanlık alanında da devrimler, hatta devrim fikri yeşerdi... ama tabii denecektir ki, bunlar yerleşik Hıristiyanlık düzenine karşı oldu [onun sayesinde değil]! Bu, o kadar kesin mi acaba?..

Günümüzde birçok Hıristiyanın, ve bizzat Kiliselerin de,

adalet uğruna kendilerini adadıkları tartışılmaz bir gerçektir. Sosyal adaleti, uluslararası adaleti ve barışı ön plana çıkaran bir tür "siyasal ilahiyat" var bugün. Bunun vurguları kıtalara göre farkla gösteriyor: Latin Amerika'da "kurtuluş ilahiyatı", ekonomik kurtuluş ve kapitalizmin ekonomik güçleri karşısında özgürlük fikrini geliştirdi. Asya ve Afrika'da daha çok bir kültürel kurtuluş veya özgürleşme üzerinde duruluyor. Batı siyasal ilahiyatları ise kişinin haklarını ve Tarih'in "yenilmişleri" için adalet fikrini ön plana çıkarıyorlar. Bu vurgulama farklarında, her kıtanın tarihinin ve şimdiki durumunun ne derece yansıdığını göstermek hiç de zor olmaz.

Kurtuluş/özgürleşme ilahiyatları en çok Birinci Ahit'e, Mısır'da köle olan Yahudilerin kurtuluşuna, İsrail peygamberlerinin mesajlarına gönderme yapıyorlar. Batı dünyasının siyasal ilahiyatçıları ise daha çok, yerleşik iktidarlarla adaletsiz sistemleri eleştirmek suretiyle, her türlü hoşgörüsüzlük ve haksızlığa karşı her kurbanın yanında savaşıma çağıran Mesih'in Çilesi'ni dayanak alıyorlar. Ama vicdanlardaki kanaat ortaktır: Tarihin Yenilmişleri için [bu dünyada] bir Tanrı adaleti umudu olmalıdır; eskiden olduğu gibi öbür dünyada iyilere ödül kötülere ceza verileceğini beklemekle yetinilemez. Adalet umudu ancak, hemen şimdi onun uğruna kendimizi adıyorsak bir anlam taşır; yoksa insanlarla alay etmiş oluruz.

— *Yine de, bu son derece yalın mesaja kıyasla, bir din olarak Hıristiyanlığın karmaşıklığı insana bayağı çarpıcı geliyor...*

— Doğru. Bunu yanıtlamak için, "karmaşık" [*complexe*] sözcüğünün kökenini ele alabiliriz. Bu kök, bir "örgü" fikrini, "birlikte örülmüş" bir şeyi akla getirir. Hıristiyan dini üç şeyi "birlikte örer": Tanrı fikri, dünya fikri ve tarih fikri. Bu anlamda ben, Hıristiyanlığın karmaşıklığına ilişkin sitemi kabul ederim: Hıristiyanlık, basitlik arayan bir din değildir. Sadece Tanrı'ya dönük değildir, kendini sadece bir Kitap'a bağlı görmez, "Tanrı uludur" demekle yetinmez. Tanrı'ya ve "komşuya" karşı ödevlerden bir karışım yapar. Sonra, bir düşünce boyutu, bir ilahiyatı da vardır; bu onun tipik bir yönüdür. Dinler arasında tek midir bu bakımdan? Onu bilemem.

Ama şurası bir gerçektir ki, daha baştan itibaren Hıristiyan inancı bir ilahiyat, bir düşünce süreci, hatta bir felsefe doğurmuştur. "İlahiyat" [*théologie*] ne demektir? Bizim için Tanrı'nın bedene bürünmesinin damgasını taşıyan, Tanrı ile insanlar arasındaki ilişkiler üzerine bir sorgulama...

Hıristiyanlığın karmaşıklığı, işte bu üç gerçekliğin (Tanrı, dünya, Tarih) "örülmesinden" oluşan motiftir. Örgüde bunlar birbirine karışmaz, ama birbirinden ayrı da değildirler. Dünya özerkliğini, Tarih özgürlüğünü korur, ve Tanrı da ne birinde ne de ötekinde eriyip gitmez.

TANRI NEYE YARIYOR?

— *Hepsi iyi ama, yine de insan Tanrı'nın dünyada ve insanların tarihinde mevcut olmasını zihninde canlandırmakta güçlük çekiyor...*

— "Zihninde canlandırmakta", evet, kesinlikle... Belki de bu konuda biraz tanrıtanımaz, daha doğrusu, örneğin filozof Merleau-Ponty'nin verdiği anlamda, "bilinemezci" [*agnostique*] olmak gerekiyor. Bu düşünür, *Felsefeye Övgü* adlı eserinde, tanrıtanımazlık suçlamasını reddediyordu: Filozof Tanrı'dan söz etmediği için tanrıtanımaz değildir, –diye açıklıyordu fikrini– sadece saygısızlık etmemek için Tanrı'ya ad vermeyen biridir. Ona göre Tanrı, ya da bu adla anılan her ne ise, varlıkların ve nesnelerin kavuşumunda yer alır, ve filozof da onun büründüğü sessizliğe saygı gösterir. Tanrı "nesnelerin kavuşumunda" durur, çünkü özü anlam ve ilişkidir. Nesnelerin "arkasında" durmaz; bir arka-dünyada gizlenmiş değildir, bu dünyanın göbeğinde hazır ve nazırdır. Kendisini, "dünyanın gizemi" olarak kavratmaya çalışır. Bu "gizem" olarak tanınmadığı ölçüde, kendini bizim dünyadaki varoluşumuz sorunu olarak hissettirir, sezdirir.

— *Bir insan hayatında Tanrı nedir? Son tahlilde neye yarar?*

— Tanrı neye mi yarar? Galiba işe, O'nun bir şeye "yaradığı" fikrinden kurtulmakla başlamak gerekiyor. Hayır, Tanrı "işe yarar" bir nesne değildir; hele günümüzde, çağdaş dünyanın koşullarında, düne göre daha da az... O, bize mevcudiyetini bile dayatmayan, tipik ve mükemmel yararsız-karşılıksız, nedensiz-amaçsız [*gratuit*] varlıktır. Fakat içimizde bu mevcudiyeti hissettiğimiz zaman, yararsızlığı, sevinci ve iyiliği deneyim olarak yaşarız.

Bu anlamda, işler tersine döner. Varoluşun nedensizlik-amaçsızlık [*gratuité*] olduğunu anlayanlar için, Tanrı en üst derecede vazgeçilmez olur, çünkü bizi sürekli olarak bu duygu içinde tutan O'dur. Bizi "tutan" her şeyden bizi koparır; dünyevi şeyler üzerine kapanmaktan, dünya nesnelerini ele geçirmeye çalışmaktan, ve herkesin hizmetinde olacak yerde önce kendi kendimize hizmet etmekten alıkoyar.

Tanrı fikri, ya da Tanrı'ya iman, böylece bir direnme vesilesi sağlar. Bize önerilen ve hatta kendi kafamızdaki modellere karşıt bir insanlık kurmayı tasarlamamıza imkân verir; özellikle de Tanrı yükünden kurtulmuş bir insanlığın bize dayatmak istediği modellere karşıt bir insanlık... ama bunu yaparken, Tanrı'nın kendileri için artık önemli olmadığı insanları hiç suçlamaksızın... Zaten bu sonuncular konusunda önemli olan, bugün bile birçok "misyonerin" acemice yapmaya çalıştığı gibi, "Tanrı'nın önemli olduğunu" kanıtlamak değildir. Tanrı'nın verdiği o "varoluşun nedensizliği" duygusunu kavratmaya çalışmak daha iyi olurdu; belki de bu [onların nezdinde] Tanrı'ya bir ölçüde inanılabilirlik sağlardı...

İnsanların selamete ermek için Tanrı'yı düşünmelerini vazgeçilmez bir koşul olarak gördüğümden değil (pekâlâ başka türlü de kurtulabilirler!), ama zihnin özgürlüğü modeline göre tasarlanmış bir insan hayatı yaşamak için, inanıyorum ki o sözünü ettiğimiz "varoluşun nedensizliği" duygusuna erişmek gerektir. Eğer Tanrı bir şeye "yarıyorsa", esas olarak buna yarıyordur, hatta belki de sadece buna...

SONDEYİŞ

Tek bir Tanrı... Bu kavram doğalı üç binyıldan fazla oluyor. Musa'nın bu sezgisinden, ya da Sina dağında aldığı bu vahiyden, iki büyük tektanrıcı din doğdu: Judaizm (Yahudilik) ve Hıristiyanlık. Şimdi her ikisinin de arkalarında uzun birer tarihleri var; rabbici ya da Talmudcu Judaizmin de aşağı yukarı Hıristiyanlıkla birlikte gelişmeye başladığı hesaba katılırsa, hemen hemen eşit uzunlukta tarihler...

Hem ortak hem de değişik, düşmanlık ve kinle biçimlenmiş, bu kadar uzun bir tarihin, adı geçen iki tektanrıcı dini birbirinden uzaklaştırmış, mesajlarını farklılaştırmış olacağı düşünülebilirdi. Oysa hiç de böyle değil.

Her iki dinin de merkezinde, Tanrı'yı sevmek ve benzerini sevmek çifte buyruğu; etik, iyilik, doğruluk ve özgürlük kaygıları yer alıyor. Elbette bunları ifade eden sözcükler aynı değil. Joseph Moingt, Hıristiyanlığın getirdiği yeniliğin bu iki buyruğu bire indirgemek olduğuna dikkat çekerken, Yahudilik ikisini ayırıyor. Fakat Marc-Alain Ouaknin de, eğer On Emir *iki* Levha'ya yazılmışsa, bunun, Tanrı'yı ilgilendiren kurallarla "komşuyu" ilgilendiren kuralların karşı karşıya gelmesi için yapıldığını kaydediyor. Başkası, *öteki* ["komşu"], hem Yahudi hem de Hıristiyan için temel önemde: Onun saygı görmediği, sevilmediği yerde, tartışılmaz biçimde ihanet var demek...

Buna karşılık, bu iki din Tanrı'nın bu dünyadaki mevcudiyetini birbirinden farklı biçimlerde yorumluyorlar. Yahudiliğe göre, Tanrı bir metin'e "sıkışmıştır"; Hıristiyanlığa göreyse, kendini insan kılar, bir bedene bürünür. Bu yorumlardan karmaşık birer ilişki çıkar: bir yandan Yahudilerin, sınırsızca yorumladıkları Tevrat'la ilişkisi, öte yandan Hıristiyanların, kendilerini Tanrı'nın doğasını tekrar düşünmeye zorlayan Mesih'le ilişkisi. Ama sonunda her iki tektanrıcı din de hep aynı kesin önermeye varırlar: "Öteki" vardır! Tanrı ve "komşun", Tanrı ya da "komşun", işte senin Ötekin!.. Jean Bottéro'nun deyişiyle söylersek, "Ahlak Yasası", tapınç törenlerinin ışıltı ve gösterişini bastırır. Başkalarına da saygı göstererek dürüst davranmak, Tanrı'ya, layık olduğu ölçüde saygı göstermenin tek sahici ve doğru yoludur. Musa'ya gelen vahyin bu yeniliği, hem Yahudiliğin hem de Hıristiyanlığın odaklarında yer alır.

Ama öte yandan, görüşmelerimiz Yahudilerle Hıristiyanlar arasındaki kültürel ve dinsel farkları da açıkça ortaya çıkarıyor. "Judeo-Hıristiyanlık"ın, iyisiyle kötüsüyle bizi etkileyen bir çeşit ortak din olduğu herkesçe kabul ediliyordu. "Judeo-Hıristiyan" değerler, "Judeo-Hıristiyan tabular" dilimize pelesenk olmuş deyimlerdir. Yahudilerin İsa'yı Mesih olarak tanımayı reddettikleri, ya da Hıristiyanların, İsa'yı Tanrı'nın Oğlu saydıkları için Yahudilikten kopmuş oldukları gibi basit açıklamalar düzeyinde kalmıştık. Bütün farkın bunlar olduğunu sanıyorduk.

Oysa ne görüyoruz? Geçen iki binyıl sadece bir karşılıklı anlayamamazlığın tarihi olmakla kalmamış, iki kültür arasındaki uçurumu da derinleştirmiş. "İnancın en güzel tarihi" de sadece tarihleri ayrı yönlerde gelişmiş iki dine bölünmekle kalmamış; Tanrı üstüne iki ayrı söyleme, Vahiy konusunda iki ayrı yaklaşıma, Tanrı'nın aramızdaki varlığına ve bundan gerekli sonuçların çıkarılmasına dair iki ayrı görüş biçimine de yol açmış. Kuşkusuz, buyruk ve özgürlüğe, adalet ve dayanışmaya ilişkin, —bunlar ortak noktadır— *etik ve moral bir Judeo-Hıristiyanlık* vardır. Fakat tek Tanrı fikrinin, çok farklı oldukları açıkça görülen *iki din* doğurmuş olduğu da bellidir.

SONDEYİŞ

Beklenenin çok azını mı söyledik acaba? Bu iki bin yıl boyunca Hıristiyanlık ayrıca, Katolik, Ortodoks ve Protestan olmak üzere, üç mezhebe de bölündü. Bu bölünmenin içinde, Protestanlığın ne kadar çeşitli olduğu da biliniyor. Aslında Ortodoksluk da "bir" değil. Hatta Katoliklik bile kendi içinde bir dünya sayılabilir. "Evrim" ve "çeşitlilik" gibi sözcükleri hiç sevmemesine karşın, içinde çok farklı fikir ailelerini ve manevi akımları barındırabiliyor. Kaldı ki biz burada sadece üç büyük mezhebi söz konusu ediyoruz; oysa birçok Hıristiyan var ki, kendini bunlardan saymıyor, ve az çok önemli birçok farklar ileri sürüyor. Ya Judaizme ne demeli? Onun içinde de pek çeşitli duyarlıklar bir arada yaşıyor ve karşıtlıklar bazen az görülür bir açık sözlülükle dile getirilebiliyor...

Jean Bottéro, başlangıçtaki Vahiy'den, Musa'nın bu dâhice sezgisinden itibaren, çevredeki çoktanrıcı inançlardan derin farklarla ayrılan bir tektanrıcılığa doğru yükselen o yavaş ama karşı durulmaz evrimi bize gösterdi. Bununla birlikte, Marc-Alain Ouaknin şu şaşırtıcı fikri ifade ediyor: Kitabı Mukaddes, "İbrahim'in, İshak'ın, Yakub'un Tanrısı" diyecek yerde, "İbrahim'in Tanrısı, İshak'ın Tanrısı, Yakub'un Tanrısı" diyormuş! Ona kalırsa bu, İsrail'in ilk atalarından her birinin, ve onlardan sonra her İbraninin, her İsrailoğlunun ve her Yahudinin, bir anlamda *kendine özgü* bir "tek Tanrı"sı olduğunu iyice belirtmek içinmiş. Joseph Moingt de, şu tartışılmaz gerçeği vurgularken, bundan farklı bir şey söylemiş olmuyor: Ne kadar dönem varsa o kadar Tanrı kavramı ve o kadar da Mesih yorumu vardır!.. Ve Tarih içinde İsa'nın ne denli çok ve çeşitli yüzü olmuştur, düşününüz!..

İyi ama, o zaman Tanrı genel olarak sanıldığı kadar "biricik" mi acaba? Bu kitap öyle olduğunu hiç yanlış anlaşılamayacak kadar açıklıkla gösteriyor: Tanrı tektir, ama ancak insanların yorumu, daha doğrusu yorumları aracılığıyla tanınabiliyor. Bu yorumlar hem sayıca çok –tıpkı O'nun gibi sonsuz!– hem de temel önemdedir; zira O'nun tarihteki öyküsünü bunlar belirliyor. Tanrı'yı az çok insanlar *yapıyor,* meğerki Tanrı onlar tarafından *yapılmaya* izin vermesin! İnsanlar –deniyor bize– Tanrı'dan sorumludurlar! Kitap'ın bitmeyen yorumunun dini, diyor Marc-Alain Ouaknin; ya da Tanrı'nın, bedenine büründüğü bir adamın bitmeyen yorumunun dini, diyor Joseph Moingt...

Hıristiyanlık tarihinin etkisinde kalan birçoklarının zihninde, tektanrıcılık çoğun haşmet ve debdebe içinde, güç, kudret ve fetih görünümleriyle canlanıyor. Oysa burada görüştüğümüz Yahudi ve Hıristiyan muhataplarımızdan, insanlık tarihinin büyük felaketleri karşısında güçsüz kalan bir Tanrı'nın zaaflarını da öğrenmiş oluyoruz. Öyleyse, ne işe yarıyor böyle bir Tanrı? İnsanlık dışı ve insana yakışmaz olana direnmeye, diye yanıt veriliyor bu soruya... Eğer durum sahiden buysa, inancın tarihinin en güzel sayfaları henüz yazılmayı bekliyor olamaz mı acaba?..

NOT: *Kitabı Mukaddes'te geçen bütün özel adların –Kitap'ın kendi adı dahil– imlasında ve oradan yapılan alıntılarda, Mukaddes Şirketi'nin Türkçe çevirisi esas alınmıştır:*
Kitabı Mukaddes – Eski ve Yeni Ahit, İstanbul, 1976.